SMITHS
WORD SEARCH

BEAUTIFUL
BOTANICALS

GARDENS
AND
PLANTS

PaRragon.

Published 2023 by Parragon Books, Ltd.

Facts © 2023 Smithsonian
www.si.edu

Puzzles © 2023 Cottage Door Press, LLC
5005 Newport Drive, Rolling Meadows, Illinois 60008
www.cottagedoorpress.com

Front cover:
Vanda Meda Arnold. Smithsonian Gardens Orchid Collection, Washington, DC.
Accessed August 25, 2022 from si.edu

Back cover:
Merian, Maria Sibylla. *Lemon tree with butterfly and beetle*. 1649.
Illustrated print. Universitaire Bibliotheken Leiden, Leiden, Netherlands,
https:// digitalcollections.universiteitleiden.nl/view/item/1277368.

ISBN: 978-1-64638-763-2

Better-Known Botanists

```
D Y O L Q N L H L N R S W C O S M R
X S X J A Q U F G S H Q N H S G E C
A P A V Y C A E Z C I W C K U V R H
L I N N A E U S A P B L N E R W I A
R A S I L N W S O G M A U A D M A N
E P M I B A N H C C B I C G Q J N D
N K Z O M O A H Y H W N M Z R C P R
S M B Y V Q I T L B O G T J R A V A
E U E R O N J E K T M Q R Z C L M B
G I H N G K S S G I W N I W R A D O
D R O Y D J T N W I N O A J D X S S
A T U M J E I C U W Y S H K O K E E
W E Q S L H L R E I T N E M R A P P
N S R L S R T B R R T B R O W N O R
O V E A S Q J T K E G W N R E M T M
N R W H I M G R N X U F G E G P S I
L L Y K E J P J U R T R E G Y Z Z X
J L S A P Y D A L T O N H O O K E R
```

(Anna) ATKINS

(Joseph) BANKS

(Robert) BROWN

(Jagadish) CHANDRA BOSE

(Li) CHING-YUEN

(Joseph) DALTON HOOKER

(Charles) DARWIN

(Conrad) GESNER

(Gertrude) JEKYLL

(Carl) LINNAEUS

(Lynn) MARGULIS

(Gregor) MENDEL

(Maria Sibylla) MERIAN

(Antoine-Augustin) PARMENTIER

(Georg Wilhelm) STELLER

(Marie) STOPES

(Julius) VON SACHS

(George) WASHINGTON CARVER

Carl Linnaeus, born in 1707 and the father of modern taxonomy, classified and named more than 4,000 animals and nearly 8,000 plants. As superhuman a feat as that was, the illustrious Swede also devised the system of classification that every student of taxonomy has used since.

Popular Garden Flowers

```
R  P  R  X  R  F  R  E  S  O  R  J  Y  Z  W  Y  L  U
G  A  B  H  O  D  U  R  E  G  D  H  B  B  M  I  R  L
R  N  K  V  O  D  W  V  I  O  L  E  T  E  L  S  E  I
T  S  N  D  A  F  F  O  D  I  L  X  J  Y  T  F  W  F
R  Y  U  L  I  L  A  C  H  M  Q  E  O  E  T  D  O  O
N  T  N  O  I  T  A  N  R  A  C  F  P  S  A  R  L  R
Y  F  J  J  R  U  Q  Q  F  V  T  H  H  I  G  X  F  C
A  Q  A  W  U  G  W  Y  Q  H  A  N  S  E  R  L  N  H
I  E  M  V  H  L  T  X  E  N  T  Y  T  O  M  Z  U  I
N  Y  A  F  N  X  R  V  O  Z  R  M  A  N  G  M  S  D
E  Q  Z  W  D  B  A  T  E  W  E  X  O  N  B  A  F  G
D  V  V  T  U  L  I  P  T  N  S  S  L  O  F  R  B  Y
R  V  Q  F  L  S  B  E  O  Y  X  I  Y  X  D  I  E  W
A  W  Z  E  G  B  Z  T  X  P  V  W  Z  Q  J  G  Q  I
G  P  Y  L  A  G  P  E  T  U  N  I  A  A  D  O  Z  U
A  F  A  E  G  N  A  R  D  Y  H  C  V  G  Y  L  I  P
S  R  H  B  K  U  A  B  N  F  P  R  X  K  B  D  C  B
G  F  R  B  S  B  I  U  E  T  X  H  I  Z  Z  I  J  R
```

CARNATION

DAFFODIL

DAISY

FORGET-ME-NOT

GARDENIA

HYDRANGEA

LILY OF THE VALLEY

MARIGOLD

ORCHID

PANSY

PETUNIA

ROSE

STEPHANOTIS

SUNFLOWER

TULIP

VIOLET

While food is an important part of Día de los Muertos celebrations, flowers, specifically marigolds, play an important part as well. Altars honoring the dead are decorated with marigolds, candles, incense, photographs, and the favorite foods and drinks of the deceased.

```
E  J  E  L  W  C  L  A  U  D  E  M  O  N  E  T  M  W
A  F  W  A  I  E  A  N  N  E  B  O  L  E  Y  N  N  M
K  E  V  E  X  L  A  Q  O  L  D  O  E  P  M  Z  I  A
C  E  T  R  C  I  I  K  P  T  O  L  J  R  D  A  O  R
Y  H  U  X  O  Z  P  H  M  G  R  Y  F  I  D  U  L  I
B  A  R  B  R  A  S  T  R  E  I  S  A  N  D  D  E  E
V  B  L  I  A  B  L  N  E  V  S  J  E  C  J  R  G  C
B  H  F  J  S  E  F  D  D  Y  D  F  A  E  U  E  N  U
E  T  M  U  L  T  S  H  D  Q  A  P  T  S  L  Y  A  R
T  R  R  D  V  H  I  J  L  A  Y  F  H  S  I  H  L  I
T  A  L  I  C  T  E  A  M  F  H  C  V  D  A  E  E  E
Y  Z  I  D  Q  A  Q  W  N  E  C  L  V  I  C  P  H  V
W  O  N  E  P  Y  L  U  Q  D  H  U  M  A  H  B  C  T
H  M  C  N  H  L  B  V  M  S  I  R  H  N  I  U  I  T
I  K  O  C  V  O  U  I  P  D  L  O  P  A  L  R  M  O
T  X  L  H  I  R  G  U  R  I  Q  U  R  W  D  N  X  G
E  U  N  O  W  G  R  A  C  E  K  E  L  L  Y  B  D  E
H  Y  S  O  G  E  O  R  G  E  B  U  R  N  S  L  K  P
```

ANNE BOLEYN	CLAUDE MONET	JULIA CHILD
AUDREY HEPBURN	DORIS DAY	MARIE CURIE
BARBRA STREISAND	ELIZABETH TAYLOR	MICHELANGELO
BETTY WHITE	GEORGE BURNS	MOZART
CHRISTIAN DIOR	GRACE KELLY	MR. LINCOLN
	JUDI DENCH	PRINCESS DIANA
		ROALD DAHL

A lover of roses, Barbra Streisand was very picky about having a flower named after her. The hybrid tea rose with that honor has large blooms, a striking color, and a strong scent.

Trees Starting with "A"

```
A A A W I A X B K Y A A P A M A D F
Y L P L L S F H A P L X S A L Y O G
W R B R L H Q F N E D P W E X U O R
X Z M I I E D K Z Y E A X C A Y W M
O L E U Z C R C I N R A E M I Q E Y
A P P L E I O O X P N O L R C J L A
Q D Q C R I A T B D H A F B A L X F
Y O D A C O V A R M P A D M C Q A D
L Z A T R S A A Y I A C Q N A K A S
I N P N S L P F A P G I Y P K X Q O
Q W J L S A B C I G A L W N Y E C Z
J S I U L G A U S L B E T Y L B D D
O F X M K P F D O E P G E U R N C N
G Y M X A E E R D U K N R A P T J E
G M I C F S E O Q C M A J D B L E Q
M A F R I C A N M A H O G A N Y P F
I E K N A E Q C D N O M L A B J Y P
Z S A R B O R V I T A E B U L K J L
```

ACACIA	ALDER	APPLE
ACAI PALM	ALEXANDRA PALM	APRICOT
ACEROLA	ALMOND	ARBORVITAE
AFRICAN MAHOGANY	AMBORELLA	AVOCADO
ALBIZIA	ANGELICA	AXLEWOOD
	ANISE	

The first Asian giant hornet discovered in Washington State, in 2021, was found in the base of an alder tree. Officials vacuumed 113 worker hornets before removing bark and decayed wood to access nine layers of the comb. The hornets had carved out the tree's interior to make room for their nest.

```
Z L C B T R I V E V I T J J D B E R
H Y E H I I B A P A P H A D R C S O
B E C J R J Y O D R L M Z A Z L O Y
L V G A H Y P K O D A J N N O F R A
E J T X R P S T N R Y U X L E T A L
E C I H Y D E A Y I N N U V T A Z C
D I A G D A I L N C P X M D L S S A
I V I R M M L N U T V H A J E R I T
N S I G N I P L A A H E O F S R L C
G R T N S A U I V L L E Z F B Y A H
H A G P M S T E L A F T M K I W D F
E Z I N N I A I Z U K L P U Q A Y L
A T K L I T U A O W T Y O X M T R Y
R D P M M C A C G N P T Z W E A O F
T S W E E T W I L L I A M B E C C R
C D A L S T R O E M E R I A Z R Y T
U H U B D K W T B G L K B U Z L D P
K A N T H U R I U M I X F C O H L W
```

ALSTROEMERIA	CARNATION	ROSE
AMARYLLIS	CHRYSANTHEMUM	ROYAL CATCHFLY
ANTHURIUM	CORYDALIS	SWEET WILLIAM
AZALEA	KNIPHOFIA	TULIP
BLEEDING HEART	POPPY	ZINNIA
CARDINAL FLOWER	PROTEA	
	RANUNCULUS	

No botanical garden comes close to the encyclopedia-worthy rosarium known as Roseto Fineschi, which spans an acre in central Tuscany. Its pale brick walls contain more cultivars than in any other private rose garden in the world.

Fruits and Vegetables for Vitamin A

```
W H X C S S W X Z T O M S D R S W S
A I M K B N W B E X V A P B C F I T
O W D K K O E E C Q W N I R S Y N M
G T A Y F O N E E K X G N C Q A T M
D L C L D R Z N R T O O A G L A E W
E S D R A L L O C G P O C W C W R W
Y H Y N I S T H T I P O H S Q B S X
C A T E O X W A S A Y I T B I P Q N
A L P N L L C I J T N Z N A T P U I
A L B E A L E S S E H G R R T E A K
Y T L C T R O M X S C Q E P U O S P
A F O O O W A W R M C K P R C T H M
P U H P R T Z M C E V H X I I L Q U
A V O Y R R T H A O T L A I V N S P
P A N X A U I L C I R A E R G M E T
F G H I C Z M H Z P H N W V D D B A
R S W E E T R E D P E P P E R T W P
E P U O L A T N A C A P R I C O T Z
```

AMARANTH	MANGO	SWISS CHARD
APRICOT	PAPAYA	TANGERINE
CANTALOUPE	PUMPKIN	TURNIP GREENS
CARROT	SPINACH	WATERMELON
COLLARDS	SWEET POTATO	WINTER SQUASH
KALE	SWEET RED PEPPER	YELLOW CORN

Beta-carotene, responsible for the orange color of carrots, pumpkins, and sweet potatoes, is converted in the body to vitamin A.

8

Invasive Plants in America

```
H W I L D P A R S N I P O H B D X W
Z O A N R D J M A W J E X S I R L C
J A N Y H A K Y S E J Q E U T A N C
Q K S E I Y V Y N G V P Y B T T R H
S P O O Y L R G Z Q Y J E Y E S A S
B M T A P S L R Z L Z J D L R U Z U
Y J F L J I U U E Q E Q A F S M Q B
K S C Q S U G C Z B Q Z I R W C K G
M I Z H E U Z A K K R T S E E I L N
B T I F K K V D H L C A Y T E L G I
Y V P M K D W O U J E J B T T R N N
Y A I R E T S I W K U N D U B A J R
T E K C O R S E M A D O R B D G J U
P U R P L E L O O S E S T R I F E B
G Y L M G I A N T H O G W E E D P W
L L I U Q S N A I R E B I S Y X X O
Q U E E N A N N E S L A C E D U G G
E G R U P S Y F A E L V K E N K H R
```

BARBERRY

BITTERSWEET

BURNING BUSH

BUTTERFLY BUSH

DAME'S ROCKET

ENGLISH IVY

GARLIC MUSTARD

GIANT HOGWEED

HONEYSUCKLE

KUDZU

LEAFY SPURGE

OXEYE DAISY

PURPLE LOOSESTRIFE

QUEEN ANNE'S LACE

SIBERIAN SQUILL

WILD PARSNIP

WISTERIA

Kudzu grows rapidly, and there is no easy way to stop it. Herbicides are expensive and toxic, and mowing doesn't work on established vines. Researchers are focusing on natural predators because the right insects and fungi can control even the most monstrous weeds.

Plants with Five Letters #1

```
K O V L C O I P W N E Y N E M A F O
R T L A S E C Q S N J S P Z B L C F
M Z D U R O M Q A B G J R X A G S O
S I R G C H Z L R P Q P M L G A Q T
A B Z G A R P I Z O A K A A C E R A
A K P P M L E J Y R S L Z F P C K P
Q L D M L R A U N O I N O V G L H D
G O V H U J M X R Y T G I Y E O E X
F A X P L K Z O A A A V D Z Y N I C
F S Z Z T W G Q B W W D Z V J R G O
M A H O G Z V X X J D C J X G K J X
N A D O N A L U N I T H B Q Q S G B
X N L C X A N O O T C L J M B D Z K
H T G P I P X I Z Y D V W V I T E X
V O Z K X K W F E P N K I O J W M I
H Z K O O P Z I C V W Q A B W S Q K
B H I I R I T G Z U Y P T T Y Q Z J
R V B I A Q G K L F F B X D V S A E
```

ABRUS	GALAX	OROYA
ALGAE	INULA	PLANE
ANODA	IXORA	RHOEO
ARECA	LOASA	TOONA
BRIER	MAPLE	VITEX
CADIA	ONION	

While spotted lanternflies won't harm people or pets, they can cause significant damage to plants ranging from wild maple and walnut trees to fruit trees in orchards and grapevines. The insects feed by piercing the plant with their mouths and then sucking out the sap.

```
F T H G I L B Q T O K T P T T H B A
K B I U T L A O I L Q O S U G A T N
I L C O T A G O J Q W U M P S C H T
K A O C R R S C D D R S M A D E C H
G D H D E T Y T E R N Q L L M E B R
C A N K E R Z R E R V R O I F C C A
R E Q P Y B Y T O R O M L W N V K C
P K I T E M S C X T Y D P W E A T N
D N T B I I L P F T A E I W P C B O
N T W L L W T O O R B U L C V A I S
H R D B C Y L O Y T V P V L C I G E
B E K C I A S O M C T S V S O V Y C
W G B L A C K S P O T E E M W W K R
T O N K K C A L B O J L D Q Z E S O
C U R L Y T O P L P P C X W L O U F
U N X O T F H I R P V D N A I I R H
A H X W Z G B P A U D V N S H L G N
X L P S O R O S I S Q V R B V W T P
```

ANTHRACNOSE	BLIGHT	ERGOT
APPLE SCAB	BLISTER RUST	MOSAIC
ASTER YELLOWS	CANKER	POWDERY MILDEW
BASAL ROT	CLUBROOT	PSOROSIS
BLACK KNOT	CORN SMUT	SOOTY MOLD
BLACK SPOT	CURLY TOP	SPOTTED WILT

When a blight of mosaic disease threatened European tobacco crops in the mid-1800s, plant pathologists set out to identify its root cause. One forward-thinking botanist, Martinus Beijerinck, realized the source was neither a bacterial nor a fungal infection, but something completely different: a virus.

Flowers Starting with "A"

```
I  M  C  I  F  L  O  Y  Z  F  A  N  V  S  X  W  H  S
T  L  G  N  O  F  L  M  E  F  C  A  L  A  S  D  D  I
B  Q  L  L  H  I  K  C  R  H  F  M  A  G  O  I  A  L
D  X  S  L  L  Q  T  I  N  R  C  S  U  T  U  P  U  L
O  U  O  M  Y  G  C  S  I  D  W  J  M  I  K  Z  C  Y
I  L  U  L  X  A  N  C  V  M  A  V  Q  G  L  Z  F  R
R  R  Z  U  N  L  A  W  K  Y  S  P  P  A  Q  L  M  A
A  G  T  L  A  N  T  H  U  R  I  U  M  G  E  E  A  M
A  H  I  H  D  A  A  R  E  T  S  A  E  N  I  P  L  A
A  L  P  A  A  N  M  L  S  F  H  D  O  O  U  E  D  F
Y  S  I  X  T  G  I  Y  L  N  V  M  R  I  M  A  U  L
D  S  T  Y  E  E  K  K  M  I  E  E  T  I  N  O  C  A
Y  K  C  E  I  L  B  V  U  N  M  V  C  V  O  L  C  K
I  W  K  T  R  O  G  P  A  R  P  E  A  A  W  O  V  B
N  P  J  Q  B  N  M  P  O  S  S  Y  H  E  S  I  N  A
F  X  L  H  U  I  E  B  L  I  T  S  A  C  R  O  G  X
X  X  I  C  A  A  L  Y  S  S  U  M  X  Q  L  O  M  E
A  N  G  E  L  S  T  R  U  M  P  E  T  Z  J  A  C  C
```

ACONITE	ALYSSUM	ANTHURIUM
AFRICAN DAISY	AMARYLLIS	ARUM LILY
AFRICAN LILY	ANEMONE	ASTER
ALCHEMILLA	ANGELONIA	ASTILBE
ALLIUM	ANGEL'S TRUMPET	AUBRIETA
ALPINE ASTER		AVENS
	ANISE HYSSOP	

Flowers play an important part in President Barack Obama's official portrait. The purple African lily symbolizes his father's Kenyan heritage; the white jasmine represents his Hawaiian birthplace and time spent in Indonesia; and the multicolored chrysanthemum signifies Chicago, the city where he launched his political career.

```
H V N R G T F C Y F L T D G W R K S
Z T I E T I E H W R I E T H J Y F R
O Z N U U I Z F H E F L A A P A D P
F Y M A F A Q R F E T L T O R R X C
O A R L R I B E O K Q I E R N E Q H
K S U S P A S U O E N M O Y D I D L
P T G S H R M P C H F O N I O E U M
C R L Y E L R A B K C A L B R V U Q
W A U A G A N R T H W O A Q I M I R
F E B E T T C R M C A H X R C K Z K
G H G H U P T E O T L J E N E D H Q
P P X W S K Y W M C B V E A G M Q F
D M N F M R W L V C E A C X T Y H Y
O E H U R S G Z C Q S U I B G D A V
U H L D E E S A I H C U L I I M V T
G Y V G Z V G B J T Y L P B R N B X
S O R G H U M T N U S N U L C I G C
F R L C R C Z J B S U E V U O X C U
```

AMARANTH	FARRO	OAT
BLACK BARLEY	FONIO	QUINOA
BLUE CORN	FREEKEH	RICE
BUCKWHEAT	HEMP HEARTS	RYE
BULGUR	KAMUT	SORGHUM
CHIA SEED	MILLET	TEFF

Millet was first domesticated about 10,000 years ago in northern China, around the same time as rice was domesticated in southern China and barley and wheat in western China. Shepherds and herders probably carried the grain across Eurasia between 2500 and 1600 BCE.

Tallest Trees on Earth

```
Y E N D E N P L S K F I U M N D S S
V E C O M N Y Z F D R Q U O V I I H
Y I L U B C I G Z R J G A B K N R O
H T J L R L T P A T A Z D F A I A R
Z S U O O P E K R N X P L M I Z G E
U B A J S W S F N A U H N O O I N A
M O B E I A M A I J G Y M U U A E S
B E J S N Y M E K R V U N N Q E M U
J Q N G G I L U R T K L S T E X N P
P W V E A Y P R B A I Z O A S C C E
Q C O B X D D L V K N S D I T E G R
W D Y W G V X X A U U T E N N L C B
K A O N A I N A M S A T I A A S P A
T L T M U G G N I N I H S S I A P H
C O A S T R E D W O O D B H G M L L
S O U T H E R N B L U E G U M F E H
R I F S A L G U O D T S A O C D R N
S H O R E A A R G E N T I F O L I A
```

ALPINE ASH

COAST DOUGLAS-FIR

COAST REDWOOD

DINIZIA EXCELSA

GIANT SEQUOIA

KARRI

MANNA GUM

MENGARIS

MOUNTAIN ASH

NOBLE FIR

SHINING GUM

SHOREA ARGENTIFOLIA

SHOREA SUPERBA

SITKA SPRUCE

SOUTHERN BLUE GUM

SUGAR PINE

TASMANIAN OAK

YELLOW MERANTI

The unmatched height and the perfect posture of the redwood brings a church-like grandeur to its coastal California habitat that will amaze anyone who passes among the trees. Attempts to preserve them have often led to heated conflicts between loggers and environmentalists.

Butterfly Host Plants

```
M D B B B P S C M N T Q D D F J A O
S K E B Q M F U O G L I U V F I R S
E A A E J I D A A N G W F H L O A V
O Z N K W E Z U B Z E A D L Y U V E
T O N Z S K N J N M L F E X A C S R
Y M E Q Q Z L W J S K U L R B A N D
S I S R J S P I E X R L E O S R A U
S M D C D F Q N M P U T H F W E P S
U B L A C K E Y E D S U S A N E D T
P P I C C T H M U A B A M W A C R Y
U Z W V T S H A S T A D A I S Y A M
J D I L P A N I C G R A S S T J G I
O L E I V W M R U O J B C C T S O L
H S U R B T N I A P N A I D N I N L
K C O D R E T A W T A E R G D R M E
O G I D N I D L I W E U L B T S L R
Z W W K Z A O R E W O L F N U S N H
Z J E S W A M P V E R B E N A D B V
```

ASTER

BLACK-EYED SUSAN

BLUE WILD INDIGO

CONEFLOWER

DUSTY MILLER

FALSE NETTLE

GREAT WATER DOCK

INDIAN PAINTBRUSH

MILKWEED

PANIC GRASS

PUSSYTOES

RUELLIA

SEDUM

SHASTA DAISY

SNAPDRAGON

SUNFLOWER

SWAMP VERBENA

WILD SENNA

The monarch, the famous butterfly with orange and black wings, loves milkweed in its larval stage. As an adult, the monarch sucks the nectar from the flowers of goldenrod, milkweed, and many other colorful flowers.

Fruits Starting with "A"

```
A C S Y O B N R G A E G Q H A K E X
X M E E U D E W M E P A X B M C D S
B U A X G J A B O N G U D D A W L N
Y T H N V A A C H E Z U F D O C Y G
M R W V A R L C O A K E B I U I D R
E A B F E T W M E V A M X A S O R M
I W R L D X S D A S A O C Z T T Q Z
R K L A E C L U A I C H O A R T B P
S A H L V U J M C H R A R S A A G M
V B P N Q A P S R D A T U A W N Z Q
Q P L Z N A M W X Y A N X M B N B Z
A C F Z Y A D E P U I J G K E A S W
B N T A A A P B L L R X U U R H H C
F E K V H U V L H O W U T M R H M R
R A E P N A I S A A N K M B Y X J Y
N O L E M A I S O R B M A A L R P H
A P R I C O T I V A O S R N S U Z C
N W D I C Q V E B R B D Q G Q I Q X
```

AKEBI	AMLA	ASAM KUMBANG
AMAOU STRAWBERRY	AMANATSU	ASAM PAYAK
AMBARELLA	ANNATTO	ASIAN PEAR
AMBROSIA MELON	APPLE	AVOCADO
	APRICOT	
	ARAVA MELON	

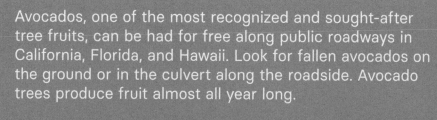

Avocados, one of the most recognized and sought-after tree fruits, can be had for free along public roadways in California, Florida, and Hawaii. Look for fallen avocados on the ground or in the culvert along the roadside. Avocado trees produce fruit almost all year long.

Fruits for Vitamin C

```
Q F A U S M C A F T C S J U V G B B
T O M A T O E S G R L E G N A R O L
E A E A V A U G R P E Y F J F A D A
H L L Z D Q V R B G K R H V U P E C
K Z P F U S J M D T A R U J K E A K
R T O P Y A J I Z A E E X F A F V C
K E I Z A L I X D P E B X P L R B U
Q R I U E E Y Z U J M W I Q Z U S R
D O O M R F N O B U T A J Z R I K R
K G O S T F L I L I S R C O Y T S A
Z N B T E A I P P J X T F D D D V N
X A Q S T H U W E A N S O W N V L T
T M O N M D I D I U P H W K C Y B C
Q V A C A N X P A K W A Q I C H K O
M C V K E K R S S W E A Y H D U J S
A K A E C M B Q T A G R E A E P P F
F K A C E R O L A C H E R R Y X B C
Q T S R M Z R E P P E P I L I H C W
```

ACEROLA CHERRY	GUAVA	ORANGE
BLACK CURRANT	KAKADU PLUM	PAPAYA
CANTALOUPE	KIWIFRUIT	PINEAPPLE
CHILI PEPPER	LEMON	ROSE HIPS
GRAPEFRUIT	LYCHEE	STRAWBERRY
	MANGO	TOMATO

More than a third of all fresh strawberries that consumers buy end up getting thrown out because they're bruised, moldy, or mushy. Two companies have teamed up to edit the DNA of strawberries with the goal of modifying their genes in a way that improves their shelf life, extends the growing season, and reduces consumer waste.

Vegetables for Vitamin C

```
R  Q  S  T  O  S  P  A  A  B  R  M  K  Q  W  S  R  T
Z  B  F  S  D  F  O  Q  R  E  N  L  B  A  I  T  E  U
J  D  O  S  L  X  F  Q  W  E  Z  D  T  Y  N  U  P  R
H  J  T  C  C  I  L  O  C  C  O  R  B  F  T  O  P  N
D  I  C  X  K  A  L  P  S  G  F  L  R  G  E  R  E  I
U  H  S  R  U  F  P  W  S  T  X  K  R  S  R  P  P  P
E  L  A  K  I  A  V  F  Q  Q  H  E  T  N  S  S  L  G
Y  X  G  L  R  M  W  W  J  P  D  V  I  O  Q  S  L  R
U  Y  U  S  X  K  P  O  A  B  O  U  W  W  U  L  E  E
Q  A  L  E  T  S  Z  A  E  G  X  B  E  P  A  E  B  E
C  E  Z  D  F  W  C  L  Q  E  F  Q  D  E  S  S  N  N
Y  T  U  I  Z  A  L  B  U  H  Z  G  J  A  H  S  E  S
D  G  H  F  B  P  F  A  W  J  W  V  V  S  L  U  E  U
E  D  G  B  E  T  C  Q  O  W  X  K  T  Z  U  R  R  D
R  I  A  P  S  X  M  Z  F  P  O  T  A  T  O  B  G  Y
R  G  P  I  B  A  R  L  H  O  K  U  N  G  U  P  X  D
E  E  H  C  A  N  I  P  S  D  R  A  T  S  U  M  G  W
R  L  A  T  C  I  M  W  Y  O  G  I  I  E  L  U  E  L
```

BROCCOLI	KALE	RED BELL PEPPER
BRUSSELS SPROUTS	KOHLRABI	SNOW PEAS
CABBAGE	MUSTARD SPINACH	TURNIP GREENS
CAULIFLOWER	PARSLEY	WINTER SQUASH
GREEN BELL PEPPER	POTATO	

Properly prepared, brussels sprouts can be a real treat—and they're nutritionally noble! Low-cal and fat-free, just a handful will provide all the vitamin C you need for the day, plus several grams of protein and fiber. They may even help prevent cancer!

Unusual-Looking Flowers #1

```
R K Q I P B D Q Y D R H U L R N R I
P E J R J I E I E L O Q E O K P T Z
A I W A E Z T S A O I E Y K U H O C
N A H O V W E C K M H L J J E Q F H
D D V E L R O E H W R F E Z W N L G
A D H O T F R L N E Y E H M H F R A
F U A P T S E I F F R U B Z A U G R
A E E C L Y P S G R O P M M K L G E
C A X I W A M Q P L A Y L W A K F W
E B P K E V E K D R K T G A Q H N O
V S X T Y H S J Y O O S S L N T C L
G J O S L R I G G N I C N A D T S F
I R E B E W S P O H T I L S J H F T
P S E S I D A R A P F O D R I B L O
R E W O L F D R U O G E K A N S P R
T F S W E L W I T S C H I A E I C R
Q T R A E H G N I D E E L B F X K A
E L E P H A N T A P P L E A A C J P
```

BIRD OF PARADISE

BLEEDING HEART

CHAMBERMAID

CORPSE FLOWER

DANCING GIRLS

DESERT PEA

ELEPHANT APPLE

FLAME LILY

HOOKER'S LIPS

LITHOPS WEBERI

PANDA FACE

PARROT FLOWER

PITCHER PLANT

PROTEA PINWHEEL

SNAKE GOURD FLOWER

STAR FLOWER

WELWITSCHIA

The Heliconia lobster claw (also called parrot flower) can be found on many roadsides and in wet forested areas on the Caribbean island of Dominica. These big, banana-like plants have dangling, one-foot-long clusters of bright orange, yellow, and red bracts.

Sea Vegetables

```
B J M X L D M T F M B S F N U A A H
U A A A B U H F U D E J T B T S I A
G W D S L L U R G A A O M I J E N P
V A D D D S N Z L U I O H D S A R Y
D U A Y E E L E K Q K X D Q R G O N
G K Q Y E R T E M A K A W I J R C S
M S Y E M T L A M U E H C U E A I S
T O I U U A D O K O U K T R Z P L O
W J Z C O O R N C D I C J K L E A M
H E E U L G B G X K Z K M V U S S H
E K I F K I O X J Z S K I V E G B S
R A U H R U D N P X K D Y J M Z Y I
M C N O N K D R O L X H E M I O U R
B H N O K R Q J T R E P Y G X H V I
F O R O A R W E E D I K O O H H P T
A I M Y R A K A R A M E C V Z S E O
J L Q J Q S E A P U R S L A N E W L
Z X F Q I C H A D T D S W W I J J G
```

AONORI	IRISH MOSS	OGONORI
ARAME	KELP	SALICORNIA
BADDERLOCKS	KOMBU	SEA GRAPES
DULSE	MOZUKU	SEA LETTUCE
EUCHEUMA	NORI	SEA PURSLANE
HIJIKI	OARWEED	WAKAME

Marine biologist Rachel Carson was a keen observer of seaweed. In *The Edge of the Sea*, Carson's 1955 ode to America's Eastern Seaboard, she extolled the "smooth and satiny" tendrils of horsetail kelp, the "fleshy, amber-colored tubers" of sea potato, and the "paper-thin layers" of dulse.

Varieties of Peas

```
D E Z E K Q J U M U T I O U I O V D
R S A J A N J A A E M M D C M Q S S
I U X R W Y I S E J R C N M R B I G
B G F S L D Z W S X M T A S Y G B O
W A W N A Y S C T L C X W H B T R F
O R F X L N P Y R A V A L A N C H E
N B X N E L C E O M A X I G O L T Y
S O E D O L E V R A M E L T T I L P
S N R I L T F H P F D L V X J E O P
Y A A G E S X H S H E B U R F A T A
G V O Y P D B A G Y U C A G L K E N
R S C R J W J J L Q T G T L L P U S
G C I N V Q L X G S U S I I O J G R
G N R O V I V R U S A N I L O I O E
G V K T M E U R Y S C M E M F N C P
C W L C P S U A U O C N O A F A Q U
W K S L D R R U L Q E X A H D C Z S
L M T I H G O N I P D I P N T M Z Q
```

AVALANCHE	LITTLE MARVEL	SUGAR BON
EARLY PERFECTION	MAESTRO	SUPER SNAPPY
	MISTY SHELL	SURVIVOR
GARDEN SWEET	MR. BIG	
GRAY SUGAR	PENELOPE	THOMAS LAXTON
LINCOLN	SNOWBIRD	WANDO
	SPRING	

A team at Wageningen University in the Netherlands grew ten different crops planted in soils provided by NASA. These soils were designed to simulate the surface of our moon and Mars—with the faux Mars dirt from volcanic soil in Hawaii. Using these simulated celestial soils, the team successfully grew all ten crops, including peas.

Native Australian Plants

```
V G G K Y Q B P J N P C D Y X N E H
B M R O E A W D A I W B D H D R L G
A Q F E N M W U G N S U L U V E K L
H R T K V A I F K I D Y E K E F H F
R S S T R I A L G T U O T B N T O A
Y I U A R C L E R L K Y R O R S R N
A M T R E M G L P E D A J E G E N F
N A A T B W K T E E G Q S X A N F L
H V H T M E D W P A M N A X S S E O
A U S T R A L I A N D A I S Y D R W
D R V V E U G T S L L J L F H R N E
K T Q D C U S C T T E H O F K I R R
S Q E C M Z X H Y O R A S J H B A S
W A T T L E Y W P C B D W U I E C U
D N R X W U M S F F A R V K K X M Y
O E Y H X N M O Z E A D W A H C P Z
E W A P O O R A G N A K H U O B B X
I E I C R P V W T Z H E C J I Y D Q
```

AUSTRALIAN DAISY

BANKSIA

BIRD'S NEST FERN

BOTTLEBRUSH

CYCAD

ELKHORN FERN

FAN FLOWER

FINGER LIME

FLAME PEA

GREVILLEA

GUM TREE

HAKEA

KANGAROO PAW

MAT RUSH

PANDOREA

PIGFACE

WARATAH

WATTLE

Citrus greening, also called huanglongbing or HLB, has upended the citrus-growing industry in Florida and put other American citrus producers, like those in California, on high alert. Now, 15 years after the disease first appeared in the United States, researchers have found a substance in the Australian finger lime that might stop it.

```
B D B F W B U T T O N W O O D O E W
E A F L A Y C B R U W D C A E Q O C
D X C N O P R R S X N I F V G L H X
V Y A C C O X R B F I L R T L A A Z
U N Q E H B D B E P T I I I F O M M
A U R T D A A W A B H L W Z W P E H
H O T Z T L R E O C Y H D H A K U E
U R W S F S I I R O S A C C I R L N
X D V S L A T I S U D X B E M B B O
L A F C U H B S B M D Q U E I O C C
F J C B A B O A B B J T D B Z M H E
B L A C K M A N G R O V E S T B P L
H S U R B E L T T O B X W U M A D T
M L A P K C R A M S I B W R R X X S
T U D Y J U S C R E T A X O G Y Z I
U H O F N L J Y I H H U W H O N J R
H R E G D X M N E V V E J Z U D N B
Z H B C Z Y J U R D K X F U C T E U
```

BACCHARIS

BALSA

BANANA

BAOBAB

BAYBERRY

BEECH

BIRCH

BISMARCK PALM

BLACK MANGROVE

BLOODWOOD

BLUE MAHOE

BOMBAX

BOTTLEBRUSH

BOXWOOD

BRAZIL NUT

BRISTLECONE

BUSH WILLOW

BUTTONWOOD

Native to Sub-Saharan Africa, the strange baobab tree looks like it was drawn by Dr. Seuss, with a wide, fat trunk capped by sparse branches covered in green leaves. These trees' trunks are often completely hollow, sometimes big enough to provide homes, shops, and meeting spaces for local villagers.

Wheat-Producing Countries

```
K N E E N L G K P Z F J M T N N O W
O P M O A M B G D J E H U A A A I C
E D L T T L O O P V X R J T I Q R B
F S D T S E C D T Q K R S F F T G I
I B G Y H R R A G E I I O O C E X Y
H Q B G K U J I Y N K K P M S I C G
A Z M H A S F L E A I V E D A Q L N
W N K P Z S R A P G T K R K B N J V
J K I S A I A R F X Y I D H Q A I F
P D X T K A N T S K K P Z E B F G A
A G T G N D C S P A J P T K T E X O
M V F K L E E U C H I N A A R I Y Y
I Y B R X P G A X Z U J D M L I N J
P O L A N D M R M K T A A Y U B X U
E N I A R K U N A R N N R S O B I F
A I D N I J Z B Y A Y J I L U Z H Y
I W I E J C H Z C S X Q K M Q T G T
N K P Z J U N I T E D S T A T E S Y
```

ARGENTINA

AUSTRALIA

CANADA

CHINA

EGYPT

FRANCE

GERMANY

INDIA

IRAN

KAZAKHSTAN

PAKISTAN

POLAND

ROMANIA

RUSSIA

TURKEY

UKRAINE

UNITED KINGDOM

UNITED STATES

Bread wheat was cultivated in the Middle East 6,000 years ago, as evidenced by grains found in archaeological sites in Kazakhstan. Nomadic shepherds slowly spread wheat to other cultures, and remnants of this same wheat species from 4,500 years ago have been found in East Asian archaeological sites.

```
B A F J Q R P P B U U P X T U B R E
J S T D V J C N A R I O M I U P E V
E U U G L J J H O N X W V U S M P Q
L A W T F Y F E R G Y S W R P B P W
O D A C O V A U A R N P H F I Z E L
X D R Y L N T S R Y R A Z I N O P Y
P W S S G G P E K U M G M W A R L V
H A C B X A B D R A A O F I C F L A
H U F Q R K W A M Q N D L K H K E P
U R L A C E S E H Z Z S H I K U B R
M K G A L P Y Y O E L F S P V B X I
L U L P B S C R A N B E R R Y E P C
S B A E A V F E L T Y A H R G L S O
I R R P B R O C C O L I Y K H R R T
G R O J H K R B K N G I C A D H V W
Y T T N A R R U C K C A L B P H F X
E M U S T A R D G R E E N S O A G L
H S A U Q S T U N R E T T U B R P B
```

APRICOT	BROCCOLI	MUSTARD GREENS
ASPARAGUS	BUTTERNUT SQUASH	
AVOCADO		OLIVE
BELL PEPPER	CRANBERRY	PAPAYA
BLACKBERRY	KIWIFRUIT	RASPBERRY
BLACK CURRANT	MAMEY SAPOTE	TURNIP
	MANGO	

Butternut squash produces greater yields than many other types of squash and lasts longer in storage, making it a good choice for farmers. This is a main reason the butternut has come to dominate the market.

Nuts and Seeds for Vitamin E

```
G E Y Q F I H H R U P E M E D P D W
O D R B D V S K A E G F P E X I E A
I I A L M O N D A Z L A E V G N E L
G D H V X K G N M A E S C H K E S N
T E V C N E U S X A R L T K S N N U
Y E B A A T V S L E C U N N I U I T
G S C V Q T E Q W Q R A N U B T K R
D E G J H E S O H X A I D Q T A P C
P M Y U D L L I M B M Y Z A V M M J
Y A I I O F G R P S U B O U M O U I
U S O S N D E E S Y P P O P D I P E
S E Q U X G Y P W R A Q Y T F I A H
M S S T T P Y S H J O Z S R H M L A
O B H A I H P F Q S W D O M F L P U
E A E F Q B L I I V L C A S H E W Q
J H W Q L T O K Q G E Y X V K K M W
W E H S R P B K C T U N L I Z A R B
Q Y C W R J D D Q D Z Y O L K G R H
```

ALMOND

BRAZIL NUT

CASHEW

FLAXSEED

HAZELNUT

MACADAMIA

PEANUT

PECAN

PINE NUT

PISTACHIO

POPPY SEED

PUMPKIN SEED

SESAME SEED

SUNFLOWER SEED

WALNUT

WHEAT GERM

Seeds are the only parts of your jack-o'-lantern that you should consider eating. The seeds of a field pumpkin are quite tasty once cleaned, dried, hulled, seasoned, and toasted. These are great on their own as a snack or mixed into homemade granola.

Fruits Starting with "B"

```
R H V E X J L M O M A X B Y O H N U
C G R B G E N J B R G A O R S B K I
T U T J N N F T R P Y H A R A T C B
P E B Y P I A A O B V Q X E X Q U M
B A B A C O W R E S Z J H B A O T I
U V A H O L L R O C K S C E N W Y L
D U R A O B R S D D Q N A U T A B I
D J B B O Y A Q R T O L O L B D U B
H O A H S I G B I I Y O N B A G O B
A W D M G O O U Z Z B A L D E Y A K
S A I U Y R R E B L I B N B L N J S
H U N T M F U G Y A X C Y G A R D U
E E E I D G B D O Y C B D N I V D N
A R B A O B C U R F Y U A T T B S U
D V E V B U R M E S E G R A P E C H
K R B O Y S E N B E R R Y I Q C E P
B D Z X N W B N L K V D C H Y D D F
L D U D I I G F M M N N P F O O Z M
```

BABACO	BATUAN	BLUEBERRY
BAEL	BAYBERRY	BOLWARRA
BACURI	BIGNAY	BOYSENBERRY
BANANA	BILBERRY	BREADFRUIT
BAOBAB	BILIMBI	BUDDHA'S HEAD
BARBADINE	BLOOD ORANGE	BURMESE GRAPE

New Jersey's official state fruit is the blueberry. Every single highbush blueberry in commercial production around the world can trace its domestication back to the pine barrens of New Jersey. Global blueberry production has tripled in the past 15 years.

Tomato Cultivars

```
J  S  R  E  G  T  U  R  J  Q  Q  W  E  K  B  O  B  B
E  U  X  K  M  M  B  N  Y  E  I  A  A  D  O  I  O  L
A  V  B  I  F  W  D  O  E  A  A  E  R  Q  M  R  M  G
Q  Y  C  I  E  E  B  L  Z  K  T  R  M  A  E  S  O  I
D  L  T  U  L  R  F  O  Q  S  Y  N  L  B  F  J  N  M
Z  B  N  I  E  E  Y  R  F  Y  E  Z  E  Y  J  W  T  R
Q  Q  F  T  R  C  E  E  K  X  L  L  E  L  G  J  S  O
W  F  T  N  H  B  E  E  G  T  L  Y  T  U  N  I  E  M
H  E  M  K  F  B  E  G  T  I  O  X  N  J  O  S  R  A
B  C  A  G  G  Q  J  L  O  Q  W  P  A  F  I  J  R  L
R  V  U  V  N  O  P  N  E  P  P  L  C  O  T  R  A  K
Y  C  K  Q  D  O  I  I  W  C  E  V  I  H  A  Z  T  L
E  X  N  K  Q  J  C  C  R  U  A  G  L  T  R  S  Q  N
M  I  C  R  O  T  O  M  C  Y  R  O  A  R  O  V  K  S
C  A  M  P  A  R  I  X  X  A  W  F  H  U  D  F  B  Q
M  I  R  K  K  C  A  L  B  A  M  I  S  O  A  L  D  X
I  N  I  R  O  T  N  A  S  G  G  O  E  F  X  Y  A  M
B  R  A  N  D  Y  W  I  N  E  O  Q  T  R  D  J  E  O
```

ADORATION	CAMPARI	RAF
ALICANTE	CELEBRITY	REBELLION
AZOYCHKA	EARLY GIRL	ROMA
BEEFSTEAK	FOURTH OF JULY	RUTGERS
BETTER BOY	JUBILEE	SANTORINI
BLACK KRIM	MICRO TOM	TOMACCIO
BRANDYWINE	MONTSERRAT	YELLOW PEAR

A tomato research facility, begun in 1937 and funded by the Campbell's Soup Company, was responsible for developing notable varieties such as the JTD, the Garden State, and the Rutgers tomato—and helped put New Jersey on the map as an important tomato-growing state.

Yellow Flowers

```
B D X C K F O W A T E R L I L Y C I
Q L A S Q X D A F F O D I L C G O M
I Q A H U X Q K H C M H W H F Q Z E
S V J C L N E P P S Y T R T E K X F
U C P K K I F M R J Y Y W N T C L G
M N P F B E A L L I S R I O C A T O
C X G S F Y Y Y O A M M D U K R A L
R O S E L U D E N W A R M I E N N D
H U S C R K H T D S E O O U C A S E
I U O M M Q H V S S E R R S P T Y N
B P C V A E C E F N U T C I E I I R
I R K Q M P J G Z Y G S F A A O X O
S W Q U H N K K I I A C A I Q N N D
C T M M A R I G O L D R N N J U B Z
U F B U V S P I Q W W N R H U N O Z
S D E X L B O R C H I D O O O S F N
G P K D A P B G J Z F A L B W B X S
Q F D S O Y E P I L S W O C K S Z P
```

BLACK-EYED SUSAN	GOLDENROD	ROSE
CARNATION	HIBISCUS	SUNFLOWER
CHRYSANTHEMUM	JESSAMINE	TANSY
COWSLIP	MARIGOLD	WATER LILY
DAFFODIL	ORCHID	YARROW
DAHLIA	PRIMROSE	ZINNIA

The annual flower festival in Chiang Mai, Thailand, doubles as a beauty pageant. The city is in a region known for its traditional floral art. Alongside marvelously bright flower floats sculpted of African marigolds, globe amaranth, ban chun, and chrysanthemum, young women file through the streets in floor-length gowns holding baskets of orchids.

Spices from Bark and Leaves

```
H X C V F S X G H H L J D A U K T Q
F W O K A A R Q E M W F A E L Y A B
M D V E R S E Q U I F Z J N Z J R T
D E F N N S A L N N Z F U N N Y R N
B T X Q Q A B T Y S S U S K H K A I
O Y Q I Z F E L D R U C Q C G K G M
L V Y G C R I M U I R E T M T V O R
B I B R G A J G B E K U L E E I N E
V Z S R K S N O W L G A C M O J M P
C X E A C W L P O A B A I S S A C P
I E H L B D I B E G J L J B U R M E
N T T G O N Y Y B P R O Z J T W G P
N N L O E S L F I I P V Y K O M J G
A T V O O Q E I F P B E O H E U L B
M M H Z G C F F O F M A R J O R A M
O C H Y J S A L E M O N M Y R T L E
N L D M M K R S Q U T Q T S B R C S
U X Y P K E I V W F R Q J G B Z Z F
```

BALM	CURRY LEAF	PEPPERMINT
BASIL	GALE	SASSAFRAS
BAY LEAF	KAFFIR LIME	SCREW PINE
BOLDO	LEMON MYRTLE	TARRAGON
CASSIA	MARJORAM	THYME
CINNAMON	MEXICAN PEPPER	WINTERGREEN

Tightly rolled, fragrant scrolls of cinnamon are the product of its origin as tree bark. Workers on the Indonesian island of Sumatra score and peel sections of bark from trees and scrape off the outer portion, revealing the light reddish-brown inner bark.

Flowers Starting with "B"

```
B H R A A L B A I Q B P F Y E B Z F
Y L M E J I I O B U U E D A A P B F
F I A R W N D L M C L Z R B H V L H
A D L Z O O U R R Y U K Y G Z R E L
J Z H G I E L E A S G S A N E C E I
E F E N B N T F L V B K U T H N D E
L B O E B T G Y N R U N B Y N J I O
D H L E U E T S E O Z O O K B M N A
D L W B X N H A T W O M B F I L G Y
U M N H U X T D T A Z L L I K A H S
B Z M I K H G H Y L R T L E C B E U
N O T T U B S R O L E H C A B E A T
E I G B E L L F L O W E R I B E R A
N A S U S D E Y E K C A L B R B T K
I P S S A R G D E Y E E U L B A O S
B A P T I S I A O D C T B L W T H B
B L A N K E T F L O W E R U V U A V
L Q U W M C X C L X A Y M R S B Z I
```

BABY'S BREATH
BACHELOR'S BUTTON
BALLOON FLOWER
BAPTISIA
BEE BALM
BEGONIA

BELLFLOWER
BERGENIA
BLACK-EYED SUSAN
BLANKET FLOWER
BLAZING STAR
BLEEDING HEART

BLUEBELL
BLUE-EYED GRASS
BOUVARDIA
BUDDLEJA
BUTTERCUP

Though begonias are native to the West Indies, Belgium has been growing and exporting them since the 1860s. Each year, the country grows around 60 million plants, of which 80 percent are exported.

Biennials

```
Y  H  N  C  M  A  I  L  L  I  W  T  E  E  W  S  F  A
C  E  D  R  A  H  C  S  S  I  W  S  X  T  Y  O  T  C
G  J  B  G  T  N  C  K  J  V  F  A  O  T  R  R  L  I
N  X  K  C  J  A  T  O  C  C  J  E  Z  G  N  S  D  L
I  K  R  M  B  H  P  E  J  O  Q  L  E  T  T  U  C  E
W  G  C  B  O  O  Y  Q  R  B  H  T  O  U  A  E  P  G
S  B  A  I  O  N  W  P  X  B  M  Y  O  J  V  S  A  N
N  G  H  T  Z  E  E  X  P  E  U  R  L  O  U  P  R  A
E  T  S  B  F  S  A  Y  N  O  P  R  L  L  Y  X  S  N
V  E  T  A  F  T  Y  O  P  S  P  G  Y  Z  O  O  L  A
A  A  Q  E  I  Y  T  R  S  L  X  E  F  B  J  H  E  E
R  S  C  E  E  G  U  L  B  O  A  L  N  F  E  B  Y  R
G  E  M  G  U  B  E  R  F  Y  W  N  N  I  J  L  C  O
Z  L  U  S  G  S  R  L  C  R  U  H  T  O  P  J  L  K
N  S  Q  U  S  N  I  A  I  U  W  L  O  Z  J  L  B  S
T  Y  I  U  Q  X  P  T  G  U  Q  O  M  P  F  M  A  U
L  J  R  V  H  V  X  G  H  U  Q  A  X  T  L  H  N  Q
R  B  S  K  L  V  H  Z  P  W  S  A  N  U  T  I  R  M
```

ALPINE POPPY	FORGET-ME-NOT	PARSLEY
AQUILEGIA	FOXGLOVE	RAVENSWING
BRUSSELS SPROUTS	HOLLYHOCK	SUGAR BEET
	HONESTY	SWEET WILLIAM
CABBAGE	KOREAN ANGELICA	SWISS CHARD
CANTERBURY BELLS	LETTUCE	TEASEL
	MONEY PLANT	

Many commonly used medicines are still derived from plants. Scopolamine, used for motion sickness and to treat postsurgical nausea, is made from plants in the nightshade family. Digoxin, a heart medication, comes from the foxglove plant. Codeine and other opioid painkillers are derived from opium poppies.

```
F G G P G D S C B W A W F O F D E Y
Y R G D R A E D I N A H P R O E F L
Q P I I E G K V J Q L S A S N R D R
M O G N I Y O U C Z R I A Z A E I A
Y K W U G S E I C E P S Z N T W R E
C F W E I E D O U B L E A Q S O B E
N A X K I H D J U W T I D S E L Y L
Y E N M V A L K F S R A M I K F H G
A O Z D M H I X A E S B F K R Y N N
D N Z R I S B N T C I X F G U L I I
O V G L V A B S N C L U U E T I W S
P A R R O T O X B A I U N I R L R V
I K E W F F E F H P M U I R T U A J
F L A X L E A V E D U F S W J F D B
O O L H T U J J E Z H F U F T B J U
L N E D R A G Y G V J I V A I H Z P
A R O L F I D I R I V I U Y K E M Q
I Q E F G H V A I G Z U G W T N F Z
```

CANDIA

DARWIN HYBRID

DOUBLE

FLAX-LEAVED

FOSTERIANA

FRINGED

GARDEN

GREIGII

HUMILIS

KAUFMANNIA

LILY-FLOWERED

ORPHANIDEA

PARROT

SINGLE EARLY

SPECIES

TRIUMPH

TURKESTAN

VIRIDIFLORA

Originally found growing wild in the valleys of the Tien Shan Mountains of Central Asia, tulips were cultivated in Istanbul as early as 1055 CE. By the fifteenth century, Sultan Mehmed II of the Ottoman Empire had so many flowers in his 12 gardens that he required a staff of 920 gardeners.

Fruits Starting with "C"

```
S X M N M S M W O U O F G V K C C C
R U R K G K F I U J T I C L W O R A
T J C A M U C A M U B E R R Y Y Z P
X R O V J C C O E M U Z O N L O Q E
A W E P Z E A I B A W P J H R L K R
Y D L F F I G S T X B N D L T H O S
O O U L C T C O H R P C L J R C A I
M O D S R N A U Y E O R A U S H C U
I U E X N O R P P R W N G X R A A Y
R T I A C O Q S U U R A Z D L Y C E
E I E A D C E X U H A E P M P O W Y
H B R T F V T O R A C C B P Q T M G
C O K A D E P M A H C A U D L E I A
B Y R R E H C E K O H C P A U E B I
W C A S S A B A N A N A Y U X O T N
C H E R R Y E R J G U B V E H U L I
P L L T A W O Z E H R L B K S C X C
A O E A F T L E T S I N A C X P E G
```

CACAO	CASHEW APPLE	CHUPA-CHUPA
CAMU CAMU BERRY	CASSABANANA	CITRON
CANISTEL	CHAMPEDAK	CLOUDBERRY
CAPERS	CHERIMOYA	COONTIE
CAROB	CHERRY	COYO
	CHOKECHERRY	CUPUAÇU

The entire fruit of the cashew tree is a gourd-shaped, sweet, and fleshy orb from which the familiar "nut" hangs off the bottom. These are separated from the fruit and processed, while the so-called cashew apple is crushed into juice and fermented into wine.

```
A M O U N T A I N L A U R E L L H W
O I E R A C J B R D A J S O L I W B
R R L U F M C L Y E J Z C B B V A Z
A J B L Q S L A T K W I A I D I E O
N L L R E S F D O L A O S V U W P G
G A A E P M A D N L O C L C N A L M
E I C P U T A P E G U L W F Y R O K
B L K P R E W C M S L B M G N S N T
L O E I P N H S T O W A R Y S U E E
O N Y L L N J X E Y X O M O N E S W
S G E S E O C Y G F S R L T W B R U
S A D S L B B B R E E B U S N Y I A
O M S Y I E S K O F S S R P T B H P
M B U D L U C N F U O E X N S L K A
W M S A A L O D T F T Y O E C K R T
D N A L C B M C E T S U W B O L Q K
R D N Z A F A V I N O I T A N R A C
Q K S J T C D B G D Z P Y N O E P X
```

BITTERSWEET

BLACK-EYED SUSAN

BLUEBONNET

CACTUS BLOSSOM

CAMELLIA

CARNATION

FORGET-ME-NOT

HIBISCUS

LADY'S SLIPPER

MAGNOLIA

MOUNTAIN LAUREL

ORANGE BLOSSOM

PASQUE

PEONY

PURPLE LILAC

ROSE

SUNFLOWER

The "New Magnolia," Mississippi's redesigned state flag, shows the state flower standing at the center of a dark blue stripe flanked by gold and red. Twenty stars meant to symbolize Mississippi's status as the twentieth state to enter the Union, as well as the words "In God We Trust," surround the white blossom.

Plants for Vitamin K

```
H  B  S  E  B  U  E  F  P  D  X  K  F  T  Y  S  G  E
P  C  W  O  K  D  T  C  R  T  N  N  I  C  N  S  R  C
A  P  A  A  Y  Z  T  A  D  D  H  U  I  E  M  N  E  U
O  R  L  N  R  B  H  W  T  T  R  B  E  R  I  A  E  T
C  E  L  Y  I  C  E  S  H  F  V  R  R  R  W  E  N  T
Q  B  X  X  S  P  E  A  I  J  G  O  F  I  K  B  P  E
U  S  S  S  O  N  S  W  N  D  W  C  W  S  D  N  E  L
E  N  I  T  U  A  I  Q  R  O  V  C  C  A  K  E  A  G
Z  W  T  R  R  K  J  A  K  X  I  O  N  P  H  E  S  B
S  A  P  K  C  Z  T  U  B  F  C  L  A  E  D  R  O  D
N  O  O  R  Q  S  G  Y  X  F  A  I  P  B  K  G  T  D
U  N  S  O  U  C  O  L  L  A  R  D  G  R  E  E  N  S
A  E  K  M  A  V  O  C  A  D  O  C  A  B  B  A  G  E
S  T  U  O  R  P  S  S  L  E  S  S  U  R  B  W  Z  U
M  F  X  L  D  T  H  B  H  K  W  N  D  F  R  G  T  D
E  V  I  D  N  E  C  Z  X  M  Y  B  T  X  R  Y  E  P
E  K  Y  S  M  L  P  C  Z  L  V  V  X  C  E  G  V  E
B  J  Z  P  Q  V  P  U  F  B  R  G  K  H  I  Z  B  A
```

AVOCADO	ENDIVE	GREENS
BROCCOLI	GREEN BEAN	NATTO
BRUSSELS SPROUT	GREEN PEA	OKRA
	KALE	PRUNES
CABBAGE	KIWIFRUIT	SOYBEAN OIL
COLLARD GREENS	LETTUCE	SPINACH
	MUSTARD	SWISS CHARD

It's well known that astronauts on long-duration missions suffer loss of bone and muscle mass, as well as deficiencies of calcium and vitamins D and K (found in such greens as broccoli and brussels sprouts). Recent studies have found that their vision is also affected.

Trees Starting with "C"

```
C D U C D Q G N X U K K C A C H W U
A K L K A V I T O E C H R A K E Y C
C V F L I T U L H M E G N R H D R X
A F I J A N A K A R A A E S X A C S
O C K U O B N L R J R N A C P S C H
C V O C L C N Y P Y T C N E L U Y O
E U O T F M D O W A X X M I E R P R
D C L C T H S O N Q F Y B T C T R P
A B A G O O O Y A N R C O U A I E G
R G X L T D N K Q T A N R O T C S T
C A S S I A V W L R L C A C T N S Q
C O F F E E M E O G Z F C V X E L P
L Y F P W C A Q V O G H V F M I R X
T U N T S E H C M A D W E W E U K N
K B Q M E B Z W P Q W H V F W T A K
V W T U N E L D N A C G S S B D N L
D L G M Z Z Z W G F S G R O S E Q X
N T D J K U N E I T V F J M J H F T
```

CACAO	CASSIA	CITRUS
CANARY WOOD	CATALPA	COCONUT
CANDLENUT	CEDAR	COFFEE
CANNONBALL	CHERRY	COTTONWOOD
CAROB	CHESTNUT	CRAPE MYRTLE
CASHEW	CINNAMON	CYPRESS

Local communities are granted the right to keep bees on the protected land of the Pomac Forest, an arid tropical preserve on the northern coast of Peru. The amber-colored honey they collect comes from the nectar of the flower of carob trees. Noted for its woodsy aroma and buttery flavor, the honey can be bought at regional markets.

Prairie Sedges

```
E B B E K L D C P I B X S A Y A C T
W K U X A K M W P R V C V L B L F O
O I A X L R Z J O U V O T U U A R O
O U E L B L L O W V U S R K W V I R
D D P W D A M Y Z L I Q O Y V O N S
G X D U H E U J F R C W T A T S G U
R Z W S B L V M B E B A O O C B E O
A L R H Y D C A S K N S M G D E D R
Y B U L G H Q B E H H C S O J E G B
O P E N F I E L D L Z J O X B B R I
P L A I N S O V A L Y W E T B F A F
A D F A Y R J E N V N R Q I C I Y I
X O F W O L L E Y O H G I P T M B B
Z O U N T N W S M H Z T G A A V O W
M D G I Z Q C M R S H N B O H G G B
T J Q S W B O X O F T O O F W O R C
K R Q C B C B O G P A N I C L E D W
D E T C A R B D E D A E H T R O H S
```

BEEB'S OVAL	CROWFOOT FOX	IVORY
BOG PANICLED	EARLY FEN	OPEN FIELD
BRISTLY	FIBROUS ROOT	PLAINS OVAL
BROOM	FRINGED	SHORT-HEADED BRACTED
BUXBAUM'S	GRAY BOG	
COMMON WOOD	HAIRY-LEAVED LAKE	WOOD GRAY
		YELLOW FOX

Sedges are the seventh largest plant family in the world with about 5,600 species. They originated in the tropics. One of the first things botany students learn is that sedges have edges. That means that their stems are typically triangular, while grasses have rounded stems.

```
F T I A F R A P Y R R E H C L X L P
K A T E A S I N G G E O R G I A N K
R C L Y C M V G O W E U Y J M E I U
R A V S Q X D M T I O B U U O A T M
Q H I Q T N D H A L O M E Q R B S A
G P J N Q A Y S H D N H A W D O U R
F A U Q B F F J I B B B S A E U A D
E V L H K O C F T L D O Y A N T T I
L B I P I U W I I U K N D B F F A G
L W A R E A H K A E J I O U I A P R
E B C I Q Z H G N Y E C E T R C O A
A T H M F O A G S O S A S S E E W S
D O I N N Y V I U N C X I P G C I S
Y B L X I B C P N D A K T X L K B W
F G D N Y U V B S E R K O H O W D B
L J A B L H A I E R C E J U W T A I
U P C U C K P Q T H J K Y Z T J G E
F R A N K L Y S C A R L E T W S F X
```

ABOUT FACE

BONICA

CHERRY PARFAIT

EASY DOES IT

ELLE

FALSTAFF

FRANKLY SCARLET

JULIA CHILD

MARDI GRAS

MORDEN FIREGLOW

PAT AUSTIN

RAINBOW KNOCKOUT

TAHITIAN SUNSET

TEASING GEORGIA

WILD BLUE YONDER

Roses require at least six hours of full sun (preferably in the morning), a well-drained and nutrient-rich soil, and moderate amounts of water. Water should only be applied directly to the root zone, not to the leaf surface.

Girls' Names Inspired by Flowers #1

```
D J W F Z E Y J H J S L L B U E O A
K A A W Y U L L Z U O X I D Q W R B
D F K S W A R T N W S D D A E O C O
B A T P M C X E R C Y R O V L Z U O
R Z S T A I A W V Y Q D F F K A L K
Z E F L W V N M Z O M F F N S I B N
D T L M P R T E O Y L J A H Z N P T
L A A I L O N G A M I C D A L U K I
N R E W P D L R H O D A S I T T X R
J A E A V Z L V P L E O L C L E H E
J H O L O T M R I E X Y Z S K P S I
G O V Y H O L L Y I T D D M E O B W
H Y E S U A T Q W L A M N J R N I I
T U Z S D K G F R A M Y M M U L N L
D O Q A G G I V W N S T I I L P T A
R R Q L H O H S R I Y R U O R P D I
I M B Y O T Z Q U O P S W F K K S C
K Q Z H R X F F A I S S A C E D Y K
```

ALYSSA	HOLLY	PETUNIA
CALLA	JASMINE	PRIMROSE
CASSIA	LEILANI	RHODA
CLOVER	LILY	SENNA
DAFFODIL	MAGNOLIA	TAMSY
FLORA	MYRTLE	WILLOW

In the fifth century BCE, Herodotus ("the father of history") wrote that cassia, a form of cinnamon, could only be obtained by wearing a full-body suit that protected the wearer from "winged creatures like bats, which screech horribly and are very fierce."

40

Flowers Starting with "C"

```
X C A L U I Y A X C C F I B Y K P Z
C O N E F L O W E R A M D C I V C A
C O C K S C O M B C L L R A C P I M
C C V E F P X E O S L O E R G K N W
A M O M S F E R N C A D P N R C K C
M I D L G O E U Y G L L V A D C R Z
B W M I U O R C T A I X L T A U D M
X I A S P M L M C T L C J I A C L J
V I E S O A B A I D Y X E O I K X A
H A I Q M C N I U R N P M N S O S N
V S A E U D O P N T P Q O L O O M B
T G N D Y X F R W E V E N L L F B L
D A E T M Z F D C U G L P B E L N R
I G U V A H Y L I L A N N A C O H K
W F S O M S O C T V A R X N C W S D
T C R O W N I M P E R I A L E E O Y
Y R E W O L F L A N I D R A C R L J
F V Z Q F T X D M M W Q D Q R P C X
```

CALENDULA	CARNATION	COSMOS
CALLA LILY	CELOSIA	CROCOSMIA
CANDYTUFT	CLARKIA	CROWN IMPERIAL
CANNA LILY	COCKSCOMB	
CAPE PRIMROSE	COLUMBINE	CUCKOO FLOWER
CARDINAL FLOWER	CONEFLOWER	CYCLAMEN
	COREOPSIS	

Plenty of plants, like columbine, have hairy stems covered with sticky droplets of goo where bugs get stuck and die. Entomologists call them "tourist traps." But it's unclear whether the presence of all those bugs is part of the plants' master plan or more of a coincidence.

Grape Varieties

```
H R F E C O K A V J P P K L I D S E
Q W X D H R K D R B W M R E F L S N
P E C O T T O N C A N D Y M G W E I
W I Y R E V C O N C O R D B E L L D
R K N M I B L M M Y X E X E W V D A
H R V O C E O Z R W Y T T R U R E C
I P O C T O S J F I R J W G R A E S
H N A A N N T L P K U G I E Z T S U
U G D B E O O O I B S X C R T G N M
E A A L I N R I I N Q G A H R A O Y
N L S O X D G L R J G N X O A X S R
L V U R N G E A R H S D V I M W M F
Q H X O B E J T P C V K I H I I I T
F Q O N Q S N Y E M T B S K N I R F
N M T N A I L A V M A H M H E A C P
A N A T L U S A V O R H D U R S A C
D N N X B B N I D S L Q C W Q R T U
F F R I J E M X Z R A Z M C L W U W
```

CHAMPAGNE

CONCORD

COTTON CANDY

CRIMSON SEEDLESS

FRY MUSCADINE

GEWÜRZ-TRAMINER

KYOHO

LEMBERGER

MOON BALL

MOON DROP

PINOT NOIR

RIESLING

SULTANA

SWEET JUBILEE

VALIANT

As global temperatures rise, some regions considered cold now might be able to easily grow *Vitis vinifera* grape vines, which produce some of the most renowned wines in the world. Pinot noir, cabernet, and chardonnay are all varietals wrung from this single species.

Swamp Plants

```
E O B E S X Y P M U B E M R X N T P
B L U U U S X I K J Z H V E Y U A V
S S T L A G E S U D I S Y D L N M S
W L T R P Y N R D A Z Y N M I V A J
G A O Y Y G M O P X X R O A L J R W
K J N J W M Y M T Y D U D P R M I U
F Z W S I T X D C L C E E L E U S W
Z P O N H R V A I X L D N E T G K A
W N O G K O L A W M W U L X A K S T
O T D L G X T N I S D D B A W C U E
L V C W I T P A P Y R U S Y B A T R
L E U A A E L A Z A P M A W S L O T
A R K C Q M O S I Q E E J N S B L U
M A R S H M A R I G O L D B R O Z P
E F I I D E E W L E R E K C I P X E
S D O O W G O D G I W T D E R R B L
O G A L F E U L B N R E H T R O N O
R R O B W A T E R H Y A C I N T H C
```

BALD CYPRESS
BLACK GUM
BULLTONGUE
BUTTONWOOD
CATTAIL
LOTUS
MARSH MARIGOLD

NORTHERN BLUE FLAG
PAPYRUS
PICKERELWEED
RED MAPLE
RED TWIG DOGWOOD
ROSE MALLOW

SWAMP AZALEA
TAMARISK
WATER HYACINTH
WATER LILY
WATER TUPELO
WAX MYRTLE

During antiquity, wild papyrus (*Cyperus papyrus*) grew prolifically throughout Egypt, sprouting up along the Nile River and other large bodies of water and reaching heights of 16 feet. Egyptians were so drawn to the towering plant, with its splayed-out tufts of leaves, that they began harvesting it to eat.

Alpine Flowers

```
E G A R F I X A S D E T T O P S A R
J G P T B B R E H W O L L I W N S E
M O U N T A I N A R N I C A U F O H
H E S O R E N I P H Y Q Q O U G A T
E V O L G X O F W A R T S M L P T A
R E W O L F Y E K N O M Q A N E P E
W H S P R U P O Q E G H C U A F A H
I T N P Z J J B B U P I H T I E I N
T R O W E S U O L D E T C A R B N I
B T O L R V Z Z I R N L L U E V T A
P F E N I B M U L O C K C A L B B T
Y S I A D E N I P L A B U S A P R N
T S S I E W L E D E G H V K V W U U
J F J I C Y B E N B T A I Y A T S O
S P R I N G B E A U T Y Z J K S H M
N O I P M A C S S O M H J Z T P X E
S E U I M A R C T I C L U P I N E K
E N O M E N A N R E T S E W S H Y N
```

ARCTIC LUPINE

BLACK COLUMBINE

BRACTED LOUSEWORT

EDELWEISS

GLACIER LILY

MONKEY FLOWER

MOSS CAMPION

MOUNTAIN ARNICA

MOUNTAIN HEATHER

PAINTBRUSH

PINE ROSE

SITKA VALERIAN

SPOTTED SAXIFRAGE

SPRING BEAUTY

STRAW FOXGLOVE

SUBALPINE DAISY

WESTERN ANEMONE

WILLOWHERB

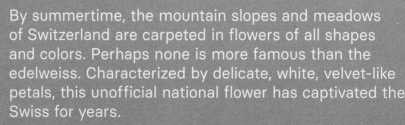

By summertime, the mountain slopes and meadows of Switzerland are carpeted in flowers of all shapes and colors. Perhaps none is more famous than the edelweiss. Characterized by delicate, white, velvet-like petals, this unofficial national flower has captivated the Swiss for years.

```
P D L N D C I K A N N C Z X P I T O
A C A N J X X R Q S J D K W C J N P
O L R Y J F D L E R E D A P H N E K
L T U Y L N O L D S A L L E N A I D
H I G C O I V X E D E K S U A K V P
S P D H A Y L R L A P A A J F T O X
X U C O S R T Y P T A I Y W O U A E
D I H I F R D A H U X L R S F D I J
D U A T O F A X I R X H D A E H C T
T D T S N K A J N A P A S U S U S P
R Q E C M A I D I Q K D T L H D A D
G M I O H W I B U I R Z H D Y K I T
T J I U F I P D M N I P Q J A D D Y
O H J G E D R F V A A G M T E Q L Z
T E E A C Q S I L A T I G I D K D T
V B S K A R E B S B E C D O N K F D
D I E T E S E E Q G M G U L Z E P E
C S T E W K U G H O M K C Y L C G L
```

DAFFODIL	DELPHINIUM	DICHONDRA
DAHLIA	DESERT ROSE	DIETES
DAISY	DEUTZIA	DIGITALIS
DAPHNE	DIANELLA	DRACULA
DATURA	DIANTHUS	DRYAS
DAYLILY	DIASCIA	DUTCH IRIS

Every September, people from all over the Netherlands gather in the town of Zundert to watch extravagant dahlia-covered floats parade down the streets for the "Bloemencorso Zundert," an annual parade celebrating the region's many varieties of dahlias.

Cone-Bearing Trees

```
E  H  R  C  W  D  H  R  V  E  F  W  E  R  D  H  D  K
J  N  V  I  I  R  I  A  N  V  B  H  N  U  A  I  O  C
T  B  I  J  F  F  W  I  N  A  H  I  I  R  W  M  O  O
P  K  Y  P  E  R  P  O  L  B  C  T  P  I  N  A  W  L
Y  R  K  T  E  R  E  D  P  I  C  E  N  F  R  L  D  M
N  G  I  A  A  T  C  S  S  X  D  S  A  E  E  A  E  E
I  H  U  G  B  Y  I  P  A  L  K  P  I  L  D  Y  R  H
W  A  U  G  P  D  V  H  T  R  J  R  R  B  W  A  A  N
V  S  E  R  L  I  O  Y  W  V  F  U  T  O  O  N  I  A
T  R  E  Y  J  K  R  R  E  N  I  C  S  N  O  C  N  I
N  S  Q  A  F  Z  F  L  B  T  R  E  U  L  D  E  R  D
S  D  G  N  K  A  Q  Y  Q  R  I  E  A  I  R  D  O  A
N  O  R  W  A  Y  S  P  R  U  C  E  T  D  V  A  F  N
H  C  R  A  L  N  A  C  I  R  E  M  A  S  Z  R  I  A
E  C  U  R  P  S  O  D  A  R  O  L  O  C  A  U  L  C
W  E  S  T  E  R  N  H  E  M  L  O  C  K  Q  E  A  W
S  E  N  I  P  H  C  T  O  C  S  I  W  N  B  T  C  T
B  A  L  S  A  M  F  I  R  V  G  M  A  Q  T  U  G  S
```

AMERICAN LARCH	COLORADO SPRUCE	NORWAY SPRUCE
AUSTRIAN PINE	DAWN REDWOOD	SCOTCH PINE
BALD CYPRESS	EASTERN WHITE PINE	SUGAR PINE
BALSAM FIR		WESTERN HEMLOCK
CALIFORNIA REDWOOD	FRASER FIR	WHITE FIR
CANADIAN HEMLOCK	HIMALAYAN CEDAR	WHITE SPRUCE
	NOBLE FIR	

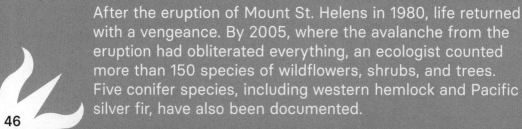

After the eruption of Mount St. Helens in 1980, life returned with a vengeance. By 2005, where the avalanche from the eruption had obliterated everything, an ecologist counted more than 150 species of wildflowers, shrubs, and trees. Five conifer species, including western hemlock and Pacific silver fir, have also been documented.

```
N G U D E L P P A T N A H P E L E T
A O E S A Y V L G Y E E F R E X D I
F T S G T R V N M F T M L G T P E U
X Q E M G U W E D A T E P L U M W R
C Q L N A F Y I D M H O I F K N B F
W Y D G O D R Y N R N E X U B T E N
B R E M T L R U H S H H W B I M R O
V R R A Z Z E R I L B A N U G A R G
N E B Y S F B M M T T A R T V M Y A
B B E L O U E Y O N O F R Z I A U R
D U R I A N L L E T U A X B B R C D
X M R H S A G F P K N O C Z E J W H
C E Y S B C N V U X L O V I R R X N
J O F O Q W A D Y R J N C B L R R H
Y R J U H N D X H M C W M A T B S Y
T U N O C O C E L B U O D F R U M D
L F D E U Y L F O V E T R O G D V E
Q F X K Y Y B N G X Z K H T Y G E F
```

DAMSON

DANGLEBERRY

DARWIN'S
BARBERRY

DATE

DATE PLUM

DEWBERRY

DOUBLE
COCONUT

DRACONTO-
MELON

DRAGON FRUIT

DUKU FRUIT

DURIAN

EGGFRUIT

ELDERBERRY

ELEPHANT
APPLE

EMBLICA

EMU BERRY

ENTAWUK

ETROG

While the proverb "An apple a day keeps the doctor away" is known in much of the world, the Muslim equivalent is "Seven dates a day keep the doctor away." The Prophet Muhammed argued that seven dates in the morning protected a person from poison and witchcraft.

Ball Cacti

```
N I E R I Q S R N Z Y A A H C N F N
F I O R G G U I K F S G Y G B B O I
V G G D I B N T T S G R Z W A Z R V
V N A R I N Z U E I A G S X P K M O
X I K D I V A R C O N C I N N A O S
W N A X X S P C F O X H G P F D S A
W I X F A M P U E A G E C K G D A Y
M U W I O H S I P A A F X A B D P P
I B I C R C A M N C E T A M R M M G
T I E A A E D P I A S U Q F T A Y I
Z L G F E D T F B W E A E R D N A W
U P I R W J I R M A M M U L O S A Z
X N U B E N I R E S S O L H C S H Y
S U A N G B O L N H E E V T G M J B
R T L A C G N J V W Y T N O G M R Z
P V M W W H T I O U L Z D I S X W E
I E S S O R G B W V B Y A V L G P L
R Z G G C V C Q V T P D S Q R D U X
```

ANDREAE	FORMOSA	MAMMULOSA
ARACHNITIS	FUSCA	NIGRISPINA
BUININGII	GROSSEI	NIVOSA
COMPRESSA	HERTERI	RUBIDA
CONCINNA	LAUI	SCHLOSSERI
ERINACEA	MAGNIFICA	WINBERGII

The sharp spines and microbarbs on cacti are for more than protection. The protrusions are also helpful for gathering water from fog. Spines are actually shaped like elongated cones, gradually increasing in diameter from tip to base. Because of this shape, water that condenses on the spines will drip down onto the cactus roots.

Top Farm Crops in South America

```
L M X L M Q C M N O S A C B I H E X
T Z C M Q Q C L H Q T O T N K N U R
E S B U C N U H Y G R D U O A V W V
L P U V J G S B V N Q V K C M P Z N
P L O R J A O J H E Z A R P T A L D
P A P T U J K Q E U X A K K B N T T
A V I Q A M A D T F G M Z D S X A O
E G S C W T E A U U X S R U L L O P
N P C A M H O P S N P A Q W E B N J
I P C S N A S P O A C A C M R O I L
P X Q H O Z N E T M L H O A Q R U A
O S J E P R W G U E C N Z N I A Q Q
L D Y W Y I L E O C E I F E V N T Y
A B A J S N A E B A L W N P P G M Y
M B Q C R X A E K N N I S M Z E O F
A X Y R O Q U C U W P U M P K I N P
S Y O A K V G T U X X B B A N A N A
F M U X X P A I A H U M L D Q Y K F
```

AVOCADO	CORN	QUINOA
BANANA	LEMON	SQUASH
BEANS	MANGO	SUGARCANE
BRAZIL NUT	ORANGE	SWEET POTATO
CACAO	PINEAPPLE	TOMATO
CASHEW	PUMPKIN	

Quinoa (keen-wah) may sound new and exotic to many Americans, but it's actually been around for at least 5,000 years. The Inca called it the "mother grain" and considered it a sacred gift from the gods. Quinoa can be eaten as a breakfast cereal, a healthy lunch, a hearty dinner, or even dessert.

Sahara Plants

```
D E K S N D M Y O B O S D T A P B N
W U E N S I P L H L T A V T M E U I
B Q W R A A I P E O T P A X E Y R T
S G Y N T V R A K E Q L M X J O H R
B H Y C E O N G P E A O I T K T S A
V L M T W D C A E A I R B W O E K R
A U R C E X L C R V W E N L Z C S I
I E A R E M H D A M O Q O L U A I A
E M C D T N E F Y B P L Y S Z C R R
J R H R R H Z Y Q P O O A Y M T A E
F H E X P H B N V A L T N R N U M T
R E N E M A S T I C T R E E A S A U
W I L D D E S E R T G O U R D H T S
P C R D F T Y N L V B Q T W K Q A A
E E R T M L A P M U O D E K P Y G S
F K F Y U C Q T C I F F R X U H U U
P R I D Q E M Y H T T R E S E D V K
X S V O R E G H T A Y W Y S I B Q T
```

DATE PALM TREE

DESERT THYME

DOUM PALM TREE

EPHEDRA ALATA

MASTIC TREE

NITRARIA RETUSA

OLEANDER

OLIVE TREE

PEYOTE CACTUS

SAHARA LOVEGRASS

TAMARISK SHRUB

TOBACCO TREE

WILD DESERT GOURD

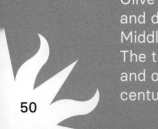

Olive trees will produce loads of fruit in the cruelest heat and driest gravels of Spain, Portugal, North Africa, the Middle East, and myriad islands in the Mediterranean. The trees thrive in places where others may wither—and olives don't only thrive, but thrive for century after century.

Trees Starting with "D" and "E"

```
D R L E Q D R Y W L D I X N Q Y J D
A E I R L G A S N I K W F N M R C E
T J D F S E C V A O D K J O W R E S
E V G J S X I M I A B L P I L E X E
P U S T Y A O X W D B E M M N B X R
L S I G Q N L N S T S Y E B R R K T
U P C O D G R G R U Z O C B X E O W
M X I L F E W I U M B W N G Z D V I
Q S E H D Y R M F O G A I S K L X L
A A I W G N O H Z U D I I A P E J L
F N O E U C A L Y P T U S D F L S O
M O E A M G D V C D O O W G O D U W
D Y V O E N F Z M R Q Z M N R U T M
Q C O P O U O K B R K Z F D K O E G
P U D G M L A P S E D A L G R E V E
W H A L N C D U R I A N F R U I T J
K R E M M V C M R Z F T G F O C W F
D K X D H L G C B I O Z R G B T R O
```

DATE PLUM	DOGWOOD	EBONY
DAVIDSON'S PLUM	DOUGLAS FIR	ELDERBERRY
DAWN REDWOOD	DOVE	ELM
DESERT WILLOW	DRAGON	EUCALYPTUS
DIAMONDLEAF	DURIAN	EUODIA
	DÙZHÒNG	EVERGLADES PALM

Australia's massive brush fires in early 2020 left eucalyptus forests scorched and the ground too dry to absorb the following rainfall. But in late March 2020, the burned trees were already beginning to show signs of recovery as small, leafy branches sprouted from their sides.

Sources of Vitamin B₁ (Thiamine)

$$\text{Sources of Vitamin B}_1 \text{ (Thiamine)}$$

```
F  L  T  U  N  A  I  M  A  D  A  C  A  M  D  D  B  O
L  O  E  P  I  R  V  I  D  S  N  F  T  W  R  E  R  V
A  I  L  T  T  O  M  A  T  O  L  P  D  C  P  E  U  Y
X  H  I  B  T  N  A  E  B  A  M  I  L  M  Y  S  S  H
S  C  V  I  A  U  D  S  P  I  N  A  C  H  U  R  S  H
E  A  K  N  L  R  C  E  Q  B  L  H  A  T  S  E  E  N
E  T  B  T  V  N  N  E  E  E  B  R  B  M  O  W  L  A
D  S  F  U  L  U  X  I  G  S  D  B  O  U  T  O  S  E
Y  I  C  J  D  S  R  U  S  K  E  O  L  H  U  L  S  B
N  P  G  P  X  N  M  U  J  E  R  M  P  L  M  F  P  O
N  A  Z  M  Z  E  G  Y  V  H  G  U  A  V  H  N  R  T
U  L  E  T  S  A  V  Y  S  V  Q  G  Z  S  A  U  O  N
Q  W  A  B  R  Z  V  U  T  S  A  A  P  Z  E  S  U  I
F  I  Y  A  K  E  M  P  Y  J  M  S  Z  L  Q  S  T  P
L  G  P  Y  R  C  B  D  D  Y  M  B  M  N  A  J  S  X
G  S  R  U  M  K  A  G  S  M  I  O  Z  M  Z  N  F  T
A  S  L  X  T  J  M  L  B  P  T  T  U  L  A  T  T  D
A  B  B  T  U  O  G  I  B  I  O  Z  S  D  W  C  U  Y
```

ASPARAGUS

BLACK BEAN

BRUSSELS SPROUT

EGGPLANT

FLAXSEED

LEGUMES

LETTUCE

LIMA BEAN

MACADAMIA NUT

MUSHROOMS

PINTO BEAN

PISTACHIO

SESAME SEED

SPINACH

SUNFLOWER SEED

TOMATO

Sesame seeds—sprinkled whole on breads, pressed for oil, or hulled and ground into tahini paste—have been used in cooking since ancient times. Tahini, like most nut and seed products, is relatively high in calories and fat, but mostly unsaturated fat. It is a good source of thiamine, magnesium, and other minerals.

Purple Flowers

```
S A L V I A M H B W T E V P G I C B
J T X F N M G H I C R G E M M E L O
L T E K E K D S Z J O A R H H T E X
N E O K I G T H H R W S O Q U E M O
D C S Y S E E Z O P G N N M G K A W
H D P A R D G R N U N A I L O C T A
K M J I E Z C V A K U I C E I O I W
C A A W A T H Q U N L S A Y J R S A
M A I G L O B E T H I S T L E T Z L
Y Z T E L I W I L D L U P I N E E L
A L Z M L F O J H Y J R M Q A E T F
D M L O I D B G L F B I I J C W U L
X A D O I N D R M L A Z L A Q S Y O
U A K R H L T U R E D N E V A L X W
V V M Q N A I Y B L E Y H G T N C E
H Z P C I L E T R O W Y E N O H O R
D Y W B L I B S P K K U W L I O B R
W B A A I Z D R R G H J R B A Q G R
```

ALLIUM	HONEYWORT	SWEET ROCKET
BUDDLEIA	LAVENDER	TEASEL
CATMINT	LUNGWORT	VERONICA
CLEMATIS	RUSSIAN SAGE	WALLFLOWER
GERANIUM	SALVIA	WILD LUPINE
GLOBE THISTLE	SEA HOLLY	WISTERIA

The mild summers in Hokkaido, Japan's northernmost prefecture, make it one of the most ideal places in Asia to grow lavender. At Farm Tomita, wide streaks of the purple herb grow in tandem with a rainbow of other flowers. The farm's lavender-themed souvenir shop sells products ranging from soap to incense to lavender-flavored soft-serve.

Common Fruit Trees

```
W L T P N C Z A C C P L D G G D B T
K X B M L Y L L O H R E O S F Z P N
I E M V B U Q M P C D O L D H O W X
T U Z S F L M O X A S E H A M T Y H
D E A J G B K N N E X T P E P T B K
E G N A R O X D B P T P G T D N O T
U M R L B K V E G C L R G U P O P E
Y R R E H C R I L E A G S H R M E Z
G H L T B R F P I N E A P P L E R V
Y R V Z Y H A K A G U J Z T F L S W
O R A J S G Z T V M Q N V X T S I L
C G R P U I E M Q L N Q M A H J M Z
O J N E E T I U R F E P A R G N M O
X U E A B A P R I C O T L F W C O J
M J P J M L K P L R X A R J J P N X
S P I O T V U F Z C N A Z J H S J G
W Z R H B C M M R U E Z L Y E J T Q
C J H O A W E P O P Z X K M O G M Q
```

ALMOND	GRAPE	PEACH
APPLE	GRAPEFRUIT	PEAR
APRICOT	LEMON	PERSIMMON
CHERRY	MANGO	PINEAPPLE
FIG	MULBERRY	PLUM
GOOSEBERRY	ORANGE	POMEGRANATE

The phrase "comparing apples and oranges" is often invoked when a person compares two items thought to be so different that any comparison is invalid. Although they may look and feel very different, the two fruits have a similar size and weight, and their juices have a similar caloric content and level of vitamin C.

```
H E U E A E A Z E I F E F U T R A O
P D S R N I V R X O W R N M E E Z J
A F W O S G I O R M K I L M C I Y G
A H Q E R G L G L T W C C A Y N S U
X H E M E M E I Q G A A N N Z A I R
B R I R N T I O S I X I L S Q P A M
F F O E M C M R B H H O T W A I D F
I N R E Z N N R P C B B F O H G G Q
E I N L D R O A E G C L Z C O N N S
V O C E C H I U M Y N W U R K A I F
T U Y E P Z F U C H S I A E I R T I
P P P U Z H N N W U U Z N Z B F S Q
E Q E A I H T Y S R O F P E Q E A G
A M O T S U E F F T D Q E X V E L K
F L A N N E L F L O W E R T G E R L
U T M T J F Y P O A K G X W E Z E G
P U D H U K C V S R X I V C W N V Y
A M S G R H V B S Y L E Q D U P E F
```

ECHINACEA	EUSTOMA	FLOSS
ECHIUM	EVENING PRIMROSE	FORGET-ME-NOT
ENGLISH BLUEBELL	EVERLASTING DAISY	FORSYTHIA
ERICA	FLANNEL FLOWER	FOXGLOVE
ERIGERON	FLAX	FRANGIPANI
EUPHORBIA		FREESIA
		FUCHSIA

Native Americans used the roots of *Echinacea angustifolia* to treat wounds and infections, and since the late 1800s, echinacea has been used to treat the common cold. But when scientists tested various extracts of the plant to see whether it could treat or prevent colds, they found no statistically significant effects on either the rates of infection or severity of symptoms.

Top Farm Crops in Asia

```
R P B C E F S E B Q Y S L Y C H E E
X Z O A C F C L A V G Y O E I N W D
V R C J I I Z F R F F D P Y N O X F
N I C X R R C F L T I B U E B T C G
E F E G O O V V E T X J E R G E J E
L Y C N C D L N Y B D T U A I X A M
J B O O I M N L S Y S N I N T A Z N
W Y N F L A S U T O M B O A E C N S
W U E N A C R A G U S O K N A N A L
T X D N P W O N U E X V H A G Q B T
A L Y S N J A C N I W J N B O H B Q
L W T K L M O D C X E A V Q L T F L
X V R Q X L R G T A S B N S V G J K
H L M U H G R O S E B U H Z Y Z O T
I Y A Y X G S N I Z L O Z A J L U Z
T C V X P A I H E W A L T B P T D C
I W F S R D S U H N T J I S G J P F
P G M W H E A T D F U J G M D H J U
```

BANANA	LICORICE	SOYBEAN
BARLEY	LYCHEE	SUGARCANE
COCONUT	MANGOSTEEN	TEA
CORN	MILLET	TOBACCO
DURIAN	RICE	WHEAT
	SORGHUM	

Durians have a notorious aroma likened to rotting meat, turpentine, and gym socks. If you've smelled a durian even once, you probably remember it. Even with the husk intact, the notorious Asian fruit has such a potent stench that it's banned on the Singapore rapid mass transit.

Lettuce Varieties

```
I F M P F M E G C C E M I Z U N A V
N C U A K X O R R E O E H V N L I A
G K X Q C A L E E E N R S B M C D S
U X K X K H X B S O S I A I Y I X D
U P S L U A E E S Y R J A L R T H E
B X E O I H C C I D A R Y M S F M L
Y A J Y V I D I A X R A K X O G E K
F U P Y B U T T E R H E A D M R S C
E L O R A C S E V A N O P E F C C E
O P I K E V G R P D H N G Q D G L P
W O B P O M N H I R G E B F A A U S
O K B N V M Z V B G L Q Z E L H N J
J H C J O S E G X T C M A U L C L X
R D C L U Z I Y T Q O Z G O H M X Y
L J L K B Z Q I M K K U K S E D G O
P L O O S E L E A F R D Q T N T O D
L H B T W T Y W N A O E S O R H R C
C T P R B J C G O Q U I H M D Z U P
```

ARUGULA	FRISEE	MIZUNA
BUTTERHEAD	ICEBERG	OAKLEAF
CORAL	LITTLE GEM	RADICCHIO
CRESS	LOOSELEAF	ROMAINE
ENDIVE	MACHE	SPECKLED
ESCAROLE	MESCLUN	STEM

Introduced for commercial production in the late 1940s, iceberg lettuce was the only variety bred to survive cross-country travel. The name "iceberg" comes from the piles of ice packed around the light green lettuce heads before the advent of the refrigerated train car.

57

Trees Starting with "F"

```
B W D Y X Q D B Z I M I S F L F A F
N O S I O P H S I F Z S E I I E I L
P V L I J B E R K S E P N N A I V O
E U Z Z N P T M W R I I X G T J A R
G V U C H A E X P F L E U E X O N I
P F O D F B P Y O K I T H R O A E D
T Y O L Q O C I N U A G H C F P H A
Y R F C G E U A G F Y E J H J O C T
I I S R S X R N E N X B L E B S U E
R H F L Q F O W T P A K L R X V B T
L X A W B M T F M A R R Z R B U F R
D F F A N P A L M I I U F Y T G A A
F R I N G E T R E E G N N X Q P E Z
L Q J M L A P L I A T H S I F L L Y
F L O R I D A B O X W O O D F O R G
D N I R A M A T E S L A F V E F U I
B C K A T Z T C V U I B I L F A O A
D V R C M T X V U Q Z E T W Q S F P
```

FALSE CYPRESS	FIR	FOURLEAF BUCHENAVIA
FALSE TAMARIND	FISH POISON	FOXGLOVE
FAN PALM	FISHTAIL PALM	FOXTAIL
FEIJOA	FLORIDA BOXWOOD	FRANGIPANI
FIG	FLORIDA TETRAZYGIA	FRANKLIN
FINGER CHERRY	FOUNTAIN	FRINGETREE

Yoda, a seven-foot-tall Douglas fir tree, saw many a drought come and go during its 650 years growing near Grants, New Mexico. But 2014's extreme drought proved too much for the tree to handle, and it finally succumbed to the heat and died.

Sources of Vitamin B₃ (Niacin)

```
B X J T J A O U T T C A P B K J O K
S T U N A E P D A T Q H R O A W Q D
C W E Z D K Y E A T W E F E T P J B
J O E H M V H L A C W O M C P A I C
A Z R K R W O E L E O A W I C F T K
P H Q N K L H N R Q L V X R O R M O
M K N C M W L S D M P W A N U M U N
T P U W E E Y V O B M A X W S T R U
Z B M L K E A N Y E Y R X O C S U M
P D O S A B D L X E B E W R O M D V
R H C S J W H A P T U N L B U J T O
W D T O D I T W L S O K G R S Z A O
S D E E S R E W O L F N U S A E E V
G R E E N P E A S M I L L E T B H H
K S N Y M H G B Q X W M Q P A X W S
V L R F Q H W T R E Z K Y H T W K E
K A K A O F E K Q X K D D J R Z I T
U M A V P L M F X G X V O I I C L W
```

ALMOND	BROWN RICE	PEANUTS
AVOCADO	BUCKWHEAT	POTATO
BARLEY	CORNMEAL	SUNFLOWER SEEDS
BEETS	COUSCOUS	
BREWER'S YEAST	GREEN PEAS	WHEAT DURUM
	MILLET	WHOLE WHEAT

Millet, a tiny round grain most familiar to Americans as birdseed, probably won't come to mind as an important crop. Yet new research suggests that this cereal was one of the most essential crops of the ancient world, providing a bridge between nomadic, hunter-gatherer societies and more complex agricultural ones.

Native American Medicine

```
V A L L E Y O A K C T B R I B U A Z
E G A S D N A L E V E L C S C T C Y
N E T T L E S L F U C A V R U S S R
N F O G R E E N B R I A R C N T P A
D E L F I I A Y U Q Z Z A Z J N R M
Y P P O P A I N R O F I L A C A U E
Y B L W U X U I M R T T C H A R C S
Q R E U V X E K D N Y X R X P R E O
R H R G S M H E I R X S V O S U E R
W C F E K P E M R Y B S E S W C S E
W G A T B W E E S P U D C I K G W V
O E S M K E B R T T Q Q Z S Z G U L
R K E L U R S V S W U Z I P P T Y M
R H I D E S L O I I J J U R S V F F
A M Z D D P L L O G M C F B N J I L
Y R L E X J L N Q G U M W E Y Z A Q
Z E W N O O S I S K B K O X Q L Y H
E B N F W T A A U M T F B N Z O D S
```

CALIFORNIA POPPY

CLEVELAND SAGE

CURRANTS

ELDERBERRY

GOOSEBERRY

GREENBRIAR

MILKWEED

MINT

MUGWORT

NETTLES

PERSIMMON

ROSEMARY

SPRUCE

SUMAC

VALLEY OAK

WILLOW

YARROW

YEW

A new technique for analyzing ancient plant residue has yielded evidence that Native Americans living in what is now Washington State smoked smooth sumac and wild tobacco some 1,400 years ago. Researchers think the sumac may have been mixed with tobacco for its medicinal qualities and to improve the flavor of smoke.

Fruits Starting with "F"

```
L O X T K O N N H D T F F G P K T O
R L T O W N B N N S A A O J I E F G
F U J I A P P L E L M I R H L O L N
V F T Z J Z C Y S X U R E S F W O A
C A K F N R W E F L L C S A U L R M
Z J D C Y E M B Q A P H T N K V I L
G N W H G A J T N E S I S I U D D L
R G B E S F Q A P H D L T T S J A E
H F X T O U N A M T O D R A H V C C
Y D I J H A R B B M O T A S U A H S
D C I V B G L T X V W A W S K R E A
G O H I X H P A Z N T N B U U Z R F
O I E O C C K F P S A G E O M N R O
F F F H S K T C O D L E R R Q B Y J
Y R R E B E L K R A F R R B U Y L P
C A J I J H A Q A Q N I Y I A B P J
D G V Z X U G P X G A N R F T E V T
F I V E F L A V O R B E R R Y H B N
```

FAIRCHILD TANGERINE

FALSE MASTIC

FARKLEBERRY

FASCELL MANGO

FEI BANANA

FEIJOA

FIBROUS SATINASH

FIG

FIVE FLAVOR BERRY

FLATWOODS PLUM

FLORIDA CHERRY

FOREST STRAWBERRY

FOX GRAPE

FUJI APPLE

FUKUSHU KUMQUAT

Countless fig trees grow wild or feral along small rural roadways and can be easily and safely accessed. Texas and other states of the South offer good fig-hunting opportunities, too—and Southern Europe is a fig hunter's heaven, especially in the fall.

Succulents for the Home

```
A R A Y E X W A B A M W E A L S B D
D I G L T O L E L W E U M T I E Z S
W T R V O U H O I G C E H H T D V L
C A E E S E I C S M D O B X H U H Z
N J R S V N V W N A D P A S O M X D
X W A L O E R E I A M Q D R P W D Y
S R O P L I H D R R L A F B S R O O
C N S S T Z O C B A J A W H O K N X
O I C R M H K D E E V T K G I T K W
S K B R C J A D E P L A N T C N E A
S K C I H C D N A S N E H X E A Y C
J Q R U M U A I R A C U A F N L T A
E T K P J I Y L X F Z D J M E P A L
C H R I S T M A S C A C T U S E I U
S N R O H T F O N W O R C N X K L T
I F I S H T A I L P A L M T K A B R
J P N Q P C U T T N J N A R I N D O
P R B L H C R G F U R Y G G Q S J P
```

ALOE VERA	DONKEY TAIL	KALANCHOE
ALOINOPSIS	ECHEVERIA	LITHOPS
CHRISTMAS CACTUS	FAUCARIA	PORTULACA
CRASSULA	FISHTAIL PALM	SEDUM
CROWN OF THORNS	HENS AND CHICKS	SENECIO
	JADE PLANT	SNAKE PLANT
		TRICHODIADEMA

In 1979, when two Russian astronauts struggled with loneliness and depression during their unprecedented six months in space, they were sent flowering tulips and a mature kalanchoe plant to the station via a resupply vehicle.

Fruits Starting with "G"

```
N U K I G P O H P E N G H W P D N G
J O H U M R L N G T R W Y D H B M A
C K L F D F A A O A H V A E G X U M
C M C E U G G P N P E D Z J K R L B
M R R B M N R A E G Y F I D Z E P O
J K L I E A D A Q S Z N H D L N S G
A J T E N I I U P A Y W O P Z Y R E
C N R O L G O L D E N A P P L E O Y
W G A L A Z Y A A H F A R Y O E N K
T V A B Y M L U F G R R R S R T R P
T I R B A U A U T G J Q U A K S E N
Y J U R M N O H D N Q V V I U C V M
G F P R M U A I C M Z H X L T G O R
P E O Y F B D U B I R W M D P N G Z
G V N F D C W E G S M F R I Z C X B
B M J I G M A R G F D U O Z J V Q L
M H W Q P V E G P C M Y R W V M J N
Y R R E B A V A U G V K S G Y O K F
```

GAC FRUIT

GALIA MELON

GAMBOGE

GENIP

GOLDEN APPLE

GOVERNOR'S PLUM

GRANADILLA

GRAPEFRUIT

GRAPE

GREENGAGE

GRUMICHAMA

GUANABANA

GUARANA

GUAVABERRY

The greengage plum is related to prune plums and originated in or around the Caucasus Mountains. It's incredibly high in sugar but has good counterbalancing acidity and intense aromatics. It's an atom bomb of flavor.

Miniature Flowers

```
C T O G X K D E L G F M T B T E K T
J K P E F E N H A O A S L N V B E R
S S E R C K C O R F N A I O N L N O
Z J O Q T R M G L O D M L S V A I W
K E A A R K E A W D T G P E P C L W
V A S R Y T F I E A X S M O F K W O
Z M F F M L N R C O W E V T L M O L
T V V E A S W X F E R B P Y O E R L
Z I N Z U O B Y E M Y H T S B D T A
L O V M R E R T E A O W G S E I H W
T O M T U I A U R U T I K U L C I S
B E H Q A L P Y A R R O W P I K V K
R N J F Y H T A E R B S Y B A B Y C
X O M S O K X M I L K W E E D M U A
Y F S R A L H I I U M L N L P I A L
J U B S N J T P G N Q X B C S C V B
M I E O H C N A L A K P E T R H C K
A D W N V S I P A B W Q I R R Y Q B
```

ALFALFA	EUPHORBIA	PUSSYTOES
BABY'S BREATH	FAIRY FOXGLOVE	ROCK CRESS
BLACK MEDICK	FORGET-ME-NOT	SNOW-IN-SUMMER
BLACK SWALLOW-WORT	KALANCHOE	SWEET ALYSSUM
BLADDERWORT	KENILWORTH IVY	THYME
CATMINT	LOBELIA	YARROW
	MILKWEED	

The carnivorous bladderwort plant is a small aquatic species with cheery yellow flowers. It uses tiny traps that act like vacuums to suck up prey, such as water fleas. It's a complex little plant. But compared to a tomato, the bladderwort has extremely short DNA—just 80 million DNA base pairs to a tomato's 780 million.

```
A W E R T P J H Q B Y S O U I A B C
F N M S O E Y Q L R L N L X L Z R S
F Y G P O A V O N U I A E H X A N G
L O P E C R O I Y J L I A I X L G I
X Y U I L D S W R Y N L N T W E O L
L K N R R S R A L P R E D X J A L N
A T I O O N T U M A O B E L J R D M
H U O T B C Y R P T C O R S C L E S
R T D T U V L Q U S S L D O V M N B
M S X Q Y V I O J M K I F H V L C M
P H D T A G P G C H P R R U K D H X
R E W O L F Y K S K M E A H S G A A
B B V H V E H W V E U S T L C K I R
E D A H S T H G I N K C A L B W N A
O X Z U O H D M A N D R A K E Q X R
X A F V U G O D G T G D I X G A P X
F A L S E I N D I G O L X E K M O V
Q V Y R Z Y Q I V J U E V N B B Q I
```

ANGEL'S TRUMPET	CORN LILY	LOBELIA
AZALEA	FALSE INDIGO	MANDRAKE
BLACK NIGHTSHADE	FOUR O'CLOCK	OLEANDER
BLOODROOT	GOLDEN CHAIN	POPPY
CHRISTMAS ROSE	HYACINTH	PRIVET
	IVY	SKY FLOWER
	LARKSPUR	

Jane Percy, the Duchess of Northumberland, created a garden of plants that can kill. One of the duchess's favorite plants in the Poison Garden is angel's trumpet. The plant grows in the wild in South America and is a member of the Solanaceae family, which includes deadly nightshade.

Spring Flowers

```
E I P W J X P M M L Y S S E E S V F
C L O O R S A M E P I Y K R N U I L
A V K Z R G U Z A N N V Y O I C R O
P I E N N D A S O Y A X Y B M O G W
G K L O I H W D S N D W S E S R I E
P T L L H W A O P I L U T L A C N R
G I V C E R I B N Z C O G L J G I I
A I T D U M A R M S A R Y E R N A N
P I U M K Q A P E M D M A H E I B G
W G A A S I L C C P G V D N T R L A
N W I N T E R A C O N I T E N P U L
H T A E H R E T N I W O A S I S E M
J T O L S Q Q Y R A F Z M V W N B O
X O L H P G N I P E E R C M N C E N
S D U J U Z E T K B L H I Q O J L D
S I B E R I A N S Q U I L L P C L S
Y S E H C E E R B S N A M H C T U D
Z V M I K F O R S Y T H I A Y B M O
```

AMUR ADONIS
CAMELLIA
COMMON PERIWINKLE
CREEPING PHLOX
DUTCHMAN'S BREECHES
FLOWERING ALMOND

FORSYTHIA
HELLEBORE
MAGNOLIA
NARCISSUS
SIBERIAN SQUILL
SNOWDROP
SPRING CROCUS
TULIP

VIRGINIA BLUEBELL
WINTER ACONITE
WINTER HEATH
WINTER JASMINE
WITCH HAZEL

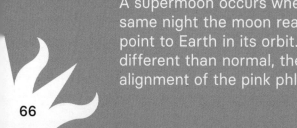

A supermoon occurs when a full moon happens on the same night the moon reaches perigee, or the closest point to Earth in its orbit. While its color won't be any different than normal, the name comes calendular alignment of the pink phlox bloom and the April moon.

```
G S U H G M U I N A R E G H E W S H
A U H H A E X H M K O C E Y N U M E
R C Y Q I Y A L M F A L I W L P C B
E S A X L J M B J P E Y Z O P S W E
B I C L L P C R X N G I I Q O C L P
R B I Y A I T T I A V D E W G K U K
E I N H R D N U R W A X W L Z P I O
G H T Y D L M D G O L D E N R O D X
A R H I I M E H G A E G N A R D Y H
O Z Y J A N E P O R T O I L E H N K
R J U A I H L R A S P B K L R Z C F
G S L A R O E I O Z T T R G Q O X M
E F K T C U K A O B F A O L H X I S
O E X I P D A V T V E S C Y H Q V T
I V J S D U G G I H X L L F T L Q G
H O N E Y S U C K L E L L I C G H T
U B U H Q X V U M G O R F E D H W J
S T Q A I J L S V H Y G E A H B L W
```

GAILLARDIA	GOLDENROD	HIBISCUS
GARDENIA	HEATHER	HOLLYHOCK
GAURA	HEBE	HONEYSUCKLE
GERANIUM	HELENIUM	HOSTA
GERBERA	HELIOTROPE	HYACINTH
GLADIOLUS	HELLEBORE	HYDRANGEA

In 1966, artist Andy Warhol was sued by photographer Patricia Caulfield, who recognized her photo of hibiscus blossoms as the source material for the Warhol series "Flowers." Caulfield won that case and was awarded $6,000, two prints of the artwork, and royalties on future sales.

Sources of Vitamin B$_5$ (Pantothenic Acid)

```
U E Q C J G B O J B F C C Z E E O N
S P L I T P E A L I J A T T L D Q L
U D G B G Q Z G Z K U S F N A K N X
D A A Q I B Z Z C L A U F C K P A Y
G P Q T Y O Y W I E Z C O R N E V E
S O Y B E A N F Y N K V P S F A A V
L B S A J Y L S W T A O N Y N N U L
R N I P N O R S H I B B L S A U G E
V B O Y W E L J O L Z O I E U T L G
E R F E W G K U L S S E P C G S Z V
K I R E K N R E E B R O C C O L I P
X I R W H E A T G E R M J E T W V P
G B W S D E E S R E W O L F N U S X
J M L I J A S V A Z T F D B Q P V D
H W D A M T O Y I F U P W J L R O E
Z Z B Z I U W V N L K Z U D E D V R
N U Q G H C A U S H G D D J A K F U
O T A T O P T E E W S T O M A T O T
```

AVOCADO	GUAVA	SUNFLOWER SEEDS
BREWER'S YEAST	KALE	
	KIWI	SWEET POTATO
BROCCOLI	LENTILS	TOMATO
CAULIFLOWER	PEANUTS	WHEAT GERM
CORN	SOYBEAN	WHOLE GRAINS
DATE	SPLIT PEA	

Soybeans have better yields than corn in periods of drought, and after the bombing of Pearl Harbor, the American government pushed for even greater yields, since the beans provide a source of edible fat and oil in that time of wartime shortages. Between 1943 and 1945 the country's soybean production increased from 78 million bushels to 193 million.

Fruits That Grow on Bushes or Vines

```
W  S  H  B  Y  O  S  O  X  V  C  S  E  P  A  R  G  Y
Y  A  Y  I  W  Y  B  S  O  V  A  F  E  N  W  U  B  R
T  R  T  R  B  U  Z  U  H  G  N  A  X  O  I  N  M  R
N  Z  R  E  R  T  L  S  P  W  T  Q  E  R  N  P  X  E
R  Z  Y  E  R  E  A  I  C  P  A  C  Q  U  E  A  V  B
O  G  U  L  B  M  B  D  W  H  L  W  Q  S  B  W  X  E
H  P  L  M  I  K  E  Y  C  Y  O  B  B  N  E  P  S  U
T  W  Q  K  Z  V  C  L  A  Y  U  K  P  E  R  A  C  L
K  A  D  P  Y  I  A  A  O  T  P  O  E  M  R  W  A  B
C  M  R  Y  Q  L  C  Q  L  N  E  U  A  B  Y  R  G  L
A  M  G  H  D  F  J  H  S  B  W  L  S  K  E  J  Y  N
L  V  U  J  U  F  O  T  R  A  S  P  B  E  R  R  Y  V
B  Q  U  Y  A  N  N  I  Y  E  Q  F  H  R  A  Y  R  W
F  Z  D  S  E  A  B  U  C  K  T  H  O  R  N  W  U  Y
J  K  P  Y  R  D  E  O  Y  D  K  K  F  C  A  T  L  V
Z  Y  D  R  L  A  W  Q  T  U  C  E  T  H  K  F  R  X
A  E  U  U  Z  V  O  I  P  X  F  L  K  V  A  A  R  O
W  C  E  L  P  P  A  E  N  I  P  V  Z  S  F  U  Y  Z
```

BLACKBERRY	CURRANTS	SEA BUCKTHORN
BLACKTHORN	GRAPES	TAYBERRY
BLUEBERRY	HONEYDEW	WATERMELON
CANTALOUPE	PINEAPPLE	WINEBERRY
CHOKEBERRY	RASPBERRY	

Hawaii once dominated the pineapple trade, as new canning technology made it possible to transport the fruit around the world. By the 1920s, pineapple became a culinary fad, most notably in the form of upside-down cake. Today, however, only a small percent of the world's pineapples are grown there.

Invasive Trees and Grasses in America

```
A S W K K M W T D O T U N X Y F S E
C I S M C P E Y A S L G L S U X X W
U O N A R K K B U L W Z E G Z L H V
Q X G W R M R C K P L T M B E I Q R
I X E O O G O P S C I O K R T W F C
L U D M N L T G Z M T A W E E Q G H
N T A K K G U A G B Y S P T G A R I
Q P L C D D R A E E H O V H R B Z N
T W A W S D R A P H P M W C U E T A
L L G C V H W E S L C I R W P O E B
B E A S P T B I A S A M J W S F Y E
X G H T A M A R I S K Y C M Y W M R
T R E E O F H E A V E N O S F M Q R
K Y W I G C H D W T X U A R A Q N Y
D K A E Z E R D A J A P O M E Q K T
S S A R G L E F F U B Y X I L Y I R
A J D F N X P W K X N I X F S J A E
Y Y X B R R R U Y H O C W E C S J E
```

BLACK LOCUST	COGONGRASS	TALLOW TREE
BUFFELGRASS	LEAFY SPURGE	TAMARISK
CHEATGRASS	MIMOSA	TREE OF HEAVEN
CHINABERRY TREE	PHRAGMITES	WHITE POPLAR
	ROYAL PAULOWNIA	

The tree of heaven was first brought to Philadelphia in 1784. The tree is hard to control because of its vast root systems. Removing it requires digging out all of the roots because even a small piece left behind can grow into a new tree.

```
A D N O M L A N A I D N I A U L B T
I J B D Y B B D X Q H S B D Q M U H
O H E M L O C K H O N O S R P N J O
U O A Z U V Q K R E L A K K L X U L
Q A G I Z T V N H I B N J E N R G L
E A X R W H B F B K R R Z R I H E Y
S S H O A E M O B G H A K L A O L L
T G Z C A P G M U A H M Q H W G P D
N U M M R K E M O B M I L O B M U G
A A H L N E T F H T X J O I D U P Y
I V B I A R P Q R I M D K T N I Z R
G A G C E P H A A U C F K K K F Z R
U L I E Q X Y C T V I K S Y Z N W E
H Q Z I T W B R J T C T O U K A C B
N P L N J M L D O C U E C R I C V K
R L W H S K F I N V Q G D G Y F Y C
G O R D O N I A R L I Z W V I F P A
H G M O V I C E C R E A M B E A N H
```

GARJAN

GIANT SEQUOIA

GINKGO BILOBA

GORDONIA

GRAPEFRUIT

GUAVA

GUMBO-LIMBO

GUM TREE

GUTTA-PERCHA

HACKBERRY

HAZELNUT

HEMLOCK

HICKORY

HOLLY

HORNBEAM

ICE CREAM BEAN

INDIAN ALMOND

IVORY PALM

Surviving three mass extinctions, including the one that killed the dinosaurs, ginkgo has retained a remarkably similar appearance. Scientists can easily compare modern specimens with fossils, which could help them assess how Earth's atmosphere has changed over time, as well as predict what future climate shifts will affect.

Valentine's Day Flowers

```
G K G E F O T E O P O Y A F P A Y P
A A E E R X R C S D N T N V K L L X
N G R C C V Z I N O I T A N R A C A
G R H D O X J P E S R A N W R J L U
B I E B E G T P I Q Y D E E E S N J
D D D T B N G T S N O L E C T L F Y
Y L R X W B I U B J K Q B R T I P X
S R E Z A G R A T S U T O V U L L U
I I D M J W G A J L I E U O K Y O P
A W N L Q O J A I W M R D L V T I Z
D M E Z S C D R U E H X R M I L B N
R D V D E J Z B R H J I O C U P J F
M G A W N O F I M S O X T T I E D C
C Y L S Z W A M R X F P D E D S O H
T F K W I J S A F U H E J C R Z F E
A E G N A R D Y H V R R I A N O Z D
B H S V H M I Q F R A I O X R V S R
P I N K R O S E S U N F L O W E R E
```

ALSTROEMERIA	LAVENDER	RED ROSE
CARNATION	LILY	RED TULIP
DAISY	ORCHID	STARGAZER
GARDENIA	PEONY	SUNFLOWER
HYDRANGEA	PINK ROSE	WHITE ROSE
IRIS	PINK TULIP	

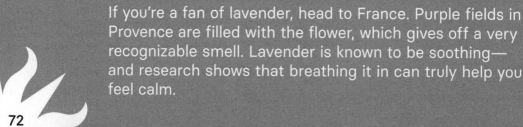

If you're a fan of lavender, head to France. Purple fields in Provence are filled with the flower, which gives off a very recognizable smell. Lavender is known to be soothing—and research shows that breathing it in can truly help you feel calm.

Mosses and Bryophytes

```
K O S T R I C H P L U M E V I L E K
U R I F E W L O W M G X E I M N J S
D C O S O Z C W G K K L G L A D O I
I E L F T D U R C S V N G G R Y T R
D F N T N N W E T E K T B T C W K A
N H I D K I N A T F H T T R H T D M
X H T L R S A F R T H H O O A K Q A
I U W R N O E T R O A G X W N X Q T
E Z V A O A C O N I I W Q R T U C N
A B W D T W W E R U T A C E I F A O
C S P H G E P C R M O D R H O V P M
B L E Y L A A I Y O T M C T P F E M
H R U A H P Q P H F S D J A H L T O
S M C B C T V T Q W H R Q E Y O H C
A S G L M H O R N W O R T F T H R V
D E G T N O W H O O X H Y S A Z E O
Y J H W A R S K R O F E T I H W A W
E K I N T E N S K S I R A M A T D V
```

CAPE THREAD · HAIRCAP · SWAN'S NECK
CLUBMOSS · HORNWORT · TAMARISK
COMMON TAMARISK · MARCHANTIOPHYTA · VELVET FEATHER
DENDROCEROS · MOUNTAIN FORK · WHIPWORT
FEATHERWORT · OSTRICH-PLUME · WHITE FORK
SCALEWORT

Mosses might seem soft, but these hardy plants thrive in some pretty extreme habitats. Along with liverwort, formally known as marchantiophyta, they're among the only plants that call Antarctica home—they can be found on every continent, in fact.

73

Sources of Vitamin B$_6$ (Pyridoxine)

```
H A P D P Z Q C T T K R S B K E F N
P R C B Y I V C B Z J A R Z L J W E
I E A Z L H S R U G L U B D I I L C
P P N I O A G T B E Y S E A N N O I
E O W U S X C A A Q C R M T O D W R
R E H M T I N K R C B W E N A E W E
T W I W Q A N L E E H R J C G T G T
O F T Z N U K Q R Y S I O D X O N I
F S E A B O P R B Q E V O E Q R O H
U B P I O G Y S U O A D T Z K R L W
Z D O U N M S A P V U M P T X A E D
K W T F I V S S H I N V Y E G C M O
P U A O O H X K M T N C F B A X R J
I D T N N B D L F A P A N Q D S E E
T V O C H E S T N U T P C Z N H T V
Q V W W C H I C K P E A Q H D D A O
J A G I P N Y D Y N C Y M K W A W X
B D M S W E E T P O T A T O T X D Q
```

AVOCADO	CHICKPEA	SWEET POTATO
BANANA	ELDERBERRY	TOFU
BLACK- EYED PEAS	ONION	WATERMELON
BULGUR	PISTACHIO	WHITE POTATO
CARROT	RAISIN	WHITE RICE
CHESTNUT	SPINACH	WINTER SQUASH

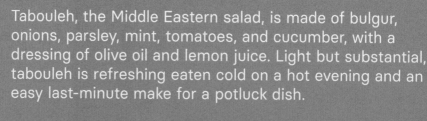

Tabouleh, the Middle Eastern salad, is made of bulgur, onions, parsley, mint, tomatoes, and cucumber, with a dressing of olive oil and lemon juice. Light but substantial, tabouleh is refreshing eaten cold on a hot evening and an easy last-minute make for a potluck dish.

```
S S A R G A D U M R E B S W H C T K
O J K B B V U G W N K I Y W R J N T
W T E J T R S V Q G R L S O N D I Y
O E A X D D C J X I I O C N O V M E
Y M T T W J I Q D L T O O Y R H R L
C R P Y O P D L T V S J U J D Y E L
P U R E X P D U O M Q D G G N H P A
H U U E N J O O I U A M A Z E G P V
D S R I B R W A R O A R O Q D D E E
F S U P T W F Q E Z D T H X O L P H
D K B Y L L A S P I D E R P L A N T
F E C B O E U R H M D G P A I E H F
A H X W F L Q C T C A I O O H I H O
X R E H D Y R U T S Z N Q X P L M Y
P R H W H O N S E M I G Y S A J B L
W I L D R O S E W E Y E S V E L B I
B U G L E W E E D E N R R U D E I L
K T B N F Y V I G N I L W A R P S S
```

BERMUDA GRASS	LILY OF THE VALLEY	PURPLE QUEEN
BUGLEWEED	ORCHID	SPIDER PLANT
CROCOSMIA FLOWER	OXALIS	SPRAWLING IVY
GINGER	PEPPERMINT	STRAWBERRY
IRIS	PHILODENDRON	TROUT LILY
	POTATO	WILD ROSE

While most people assume shamrocks are clover, James Ebenezer Bicheno, an amateur botanist from London, posited in 1830 that they are *Oxalis acetosella*, or wood sorrel. His evidence came from reports that said the Irish ate shamrocks in times of war and disaster, and he argued the "sharp" taste they described matched wood sorrel better than clover.

Fruits Starting with "H" and "I"

```
E D H H N M U N M M Q D S H I C M U
Y N O C O A D I Y E J Q O O D L L U
Y O N G L G L F I A C L W N O X F I
U M E G E A P A L A H D H E K C J E
S L Y Q M M T L B I W I K Y D R A H
T A B A D T U M U H X I Q D C Y V O
A N E F E N U L R M N B B E N Y G P
N A R V N A K W P D N H U W D N J Y
A I R L R A F K I A G X I W A C T U
G D Y I O X C A Q D R E F M Q D V P
U N J C H L N M F N N R N P C D R E
Y I V H S F Q H I W O A A L S C A Y
H L S I I S O R X V I K F W M N Y J
T E E G M Z I S G D A S T A A U U K
V F D O V D G F N I C E A P P L E C
E L P P A P S I R C Y E N O H H L G
C I N D I A N G O O S E B E R R Y I
Y R R E B T E B R E H S N A I D N I
```

HALA

HORNED MELON

INDIAN ALMOND

HARDY KIWI

HYUGANATSU

INDIAN FIG

HOG PLUM

ICE APPLE

HONEYBERRY

ICHIGO

INDIAN GOOSEBERRY

HONEYCRISP APPLE

ILAMA

INDIAN MANGO

HONEYDEW

ILLAWARRA PLUM

INDIAN SHERBET BERRY

The jelly melon, also known as the horned melon, looks a bit like a cucumber crossed with a blowfish—and some say tastes as off-putting as that might sound. The fruit's flesh features mostly seeds surrounded by a gel. This cucumber relative is a traditional food in parts of southern Africa, where it's eaten raw, baked whole, or pickled.

```
B U T K A R M C S T H E B Q L U W D
A T F U A M G M U A N K A O R U B O
L P D Q N S E L D I B Y F Z I L X O
D X F H X E I R P T N A S X U S U W
C J O R L P L Y I V U Y L E O Q Y N
Y Q S R T O L D T C L G S P W R Q O
P B P R F L A N N V A P R U A T Y T
R F E Y O S H J J A R N N A M L W T
E E G L F I B M L U C E E T Z S M O
S T B C P T N B C A R H L L E N K C
S O U V H K R E D W O O D Z M H B K
L K V L K A O E T I H W J F L G U W
B S S L X S X R E S E E E A O Q F I
L R Y F Y P J A C M J L Z I S F I K
S V M C F R Y A A A A F Y V Z B E I
N O T W N U D N E C Z V G X Q C K S
L B M I V C H H S H S C F P X X E D
Q W J T C E U U X C O C N V R A V D
```

AMERICAN ELM	LOBLOLLY PINE
BALD CYPRESS	REDWOOD
BLUE SPRUCE	SABAL PALM
BUR OAK	SITKA SPRUCE
CANDLENUT	TULIP TREE
COTTONWOOD	WHITE OAK

The redwood tree occurs only in coastal California and part of Oregon. Today, relatively young and small redwood trees grow throughout their historic range, but the trees as tall as skyscrapers have mostly been felled and remain only in a handful of isolated patches of unspoiled virgin forest.

Sources of Vitamin B₇ (Biotin)

```
D X P E A N U T Y X V L P J S P O U
Q I Y Z M Y D B A K O W D X E N H G
Q J K X M K S T A O V A P G I O V S
V D N O M L A S R P Y L R O R N W U
D M B H M O G A P G M N N R R A U N
Q R B H E P L H W I F U N Q E R C F
X W T J Y F A P D V N T T R B A B L
A Q V I L V Q V O K N A E Q G S R O
I P M J D B U S O S O B C F I P O W
S C A B B A G E X C M A C H M B C E
N E H A B P X X S U A E N U G E C R
V U Y W O U K D C N T D L V V R O S
S C Y I I C A U L I F L O W E R L E
B S W I S S C H A R D O R N F Y I E
S W E E T P O T A T O R A F R N I D
A C X T X X G Q O A W L N D K X W L
V N P A M S C A R R O T M B Z X V H
D M K S P P M T O M A T O V E F N Q
```

ALMOND	CAULIFLOWER	SUNFLOWER SEED
AVOCADO	CUCUMBER	
BERRIES	OAT	SWEET POTATO
BROCCOLI	ONION	SWISS CHARD
CABBAGE	PEANUT	TOMATO
CARROT	RASPBERRY	WALNUT
	SPINACH	

At some point in history, some almond trees developed a mutation so that they lacked the cyanide-producing chemicals that discouraged pests from eating them. Humans then collected and replanted those almonds, over time breeding a nut that is sweet and poison-free.

```
F C X H R M N H O L X N O J R K K S
F A C Q B T O X O B A M A G E Q F W
H R K J A R D R K B I D E N C G W V
R T Z I R N O L A U R A B U S H V H
R E B M B R D T R U M P R D Z O A Z
J R H T A X T R O O S E V E L T F J
G M T M R E E K C R A N T T F X L E
D D G A A J I G E G K R I W Q O O H
P X N Q B S Z S A N U P U X S I D V
E Y R S U D H N E M N A U Q O I H N
I N K D S D X A A N U E Y S D N O F
S A O A H Z O N C U H J D V F Q O G
Q W X T W M N R R Q M O F Y B V V K
E C P R N R W F Y F W F W F T V E E
C F K T P I L K O H D I O E A J R R
Y P T P S I L R B C I R J P R K T G
R V E A P W D C X K D W F R J I V K
M Z F J B Z J N J O H N S O N A C U
```

BARBARA BUSH	FORD	OBAMA
BIDEN	HOOVER	REAGAN
CARTER	JOHNSON	ROOSEVELT
CLINTON	LAURA BUSH	TRUMAN
EISENHOWER	KENNEDY	TRUMP
	NIXON	

The Cattleya Michelle Obama was part of a tradition of naming orchid varieties after First Ladies that dates back to 1929, beginning with the Mrs. Herbert Hoover orchid. The Michelle Obama orchid takes a full seven years to grow from seed to a mature plant, but flowers for six weeks.

Blue Flowers

```
Z Y W Q D L W H E N V T L L S F E W
L C R G P C O X K U C H Z L C O L S
I W S E Y L U V H H V P J N A R T J
Z C B D W W A I E I C I V Q B G S U
K M G G V O T D V I F B L F I E I S
E W R M D E L P H I N I U M O T H A
E N L A G X W F D Y L A C R S M T I
N A I T N E G O N Y X C M H A E E L
S S R L G N O G O R V Z C I U N B E
E R A X U H Q F P R O X F P S O O B
Q N C N S J T P U Q P C D S M T L O
P V I K E H A E G N A R D Y H P G L
P T N B E M J M A B L U E D A I S Y
M O H N M F O H S Y L L O H A E S J
M V I T L U L N T V R H R D R R E O
N L V A M V L B E L L F L O W E R G
E B X O G B E O R A Y O C Q A X V O
J S J P P S U W C S R Z H C X T R L
```

ANEMONE	FLAX	LOBELIA
ASTER	FORGET-ME-NOT	LOVE-IN-A-MIST
BELLFLOWER	GENTIAN	MONKSHOOD
BLUE DAISY	GLOBE THISTLE	SCABIOSA
COLUMBINE	HYDRANGEA	SEA HOLLY
CORNFLOWER	LILY OF THE NILE	
DELPHINIUM		

There is actually no true blue pigment in nature. A pigment creates color by absorbing certain wavelengths of light and reflecting others. Chlorophyll makes plants look green and blue, carotene makes them look red or orange, and xanthophyll makes them look yellow.

Plants with Five Letters #2

```
S A R U A G L U L Z S L L G P M A M
Q M X P Y I E G A L U I M W J E K P
S C O K E A X R Z L Z E I C B F T E
Q H U J K P L E A W A X I R C V O A
Y N M F O E W P R R M Q O A Z U K G
P F L K A K L G A L A W L I E Q L B
A I L I G S S G D O A L R G N B I M
F D Q G D Z U I Z E A Q A I Q I Y L
C A C K N V T O H F A S P C K R F E
F O K V U Y X Q K D O P J H C C M S
V U H Z W L P F D M S H E A G H A O
C C Z P A U S C S E N N A R Q L W A
Q V A D T M A V Y J C V Y G A E C F
A C N Z U N I K Q X I W C A A R W N
B R X F N K N A I E D T J I V O U V
C W F A R Q F A A W O O D M W M P Y
G O G A T Y O Q H H O P Z P Y Q D J
G J Z U U D H O Y F Y Y G T O K V F
```

APERA	CANNA	ORBEA
ARFAU	GAURA	OSAGE
AZARA	GILIA	SCOKE
BIRCH	KOUSA	SENNA
CALLA	KUDZU	ZAMIA
	MAZUS	

Once established, kudzu grows at a rate of up to one foot a day and 60 feet annually. This vigorous vine takes over areas in the Southeast by smothering plants and kills trees by adding immense weight and girdling or toppling them.

Orange Flowers

```
M E P X C D I S Q G H C M O R B L C
A U Q C A B A O Y K A A W C C M A C
K S I H G R E L H J S L N X O O T V
S B L T E L I R D T W E E A S C E R
X I Q B R L I M H N K N L C M S F H
A P R T R U H O A U A D D P O K O P
V E T E X M T S N Z U U I D S C G N
G F G E J M G S L S M L S A I O W O
Z I I T J S O L A N T A N A S C O I
T D L O G I R A M N L A S K R T R T
S N E E Z E W E E D P I I O M V T A
V B M N R U Q G K J R A C L U H Y N
E S Z M E B B J P I I O N U T S L R
A P S A W G Y S B S S Z F S G B P A
R J K C K C X H J M Z F M P Y H C C
B A I N N I Z J I H S D J Y M P A W
O I M R K R W A R T A G J I U A Y D
B U T T E R F L Y W E E D H W B L L
```

BUTTERFLY WEED

CALENDULA

CARNATION

COCKSCOMB

COSMOS

CROCOSMIA

DAHLIA

GERBERA

IRIS

LANTANA

LATE FOGWORT

LION'S TAIL

MARIGOLD

NASTURTIUM

PANSY

SNEEZEWEED

TIGER LILY

ZINNIA

While its name might suggest that it plagues allergy sufferers, sneezeweed's name comes from the practice of drying its leaves, crushing them, and inhaling the dust to cause a sneezing fit, which was said to rid the body of evil spirits. While that might be bunk, the flower is a host plant of the adorable dainty sulphur butterfly.

Popular Botanicals

```
O H K W B O U X L I H E V N J E Y T
O G U B D E X I Y J L D A R O V A C
S X K G P Q E B B T A G L Q K E E A
I T D N T U W T S Q C C E T H N C R
R U J T I X W I R H H G R K R I A T
B E W O Y G H Q A O N C I V I N N X
Y Q G D H T Y M H E O R A I B G I E
F W A N K N O Q S L C T N S L P H A
R G U L I M S N Y R R E B N A R C E
U Y I P I G I W C I L R A G C I E T
B M P L W G P O O X O B R Q K M C N
T O E C N Q P D K R C M E B C R E E
U B C J C F N C M G T U C S O O E E
E H M E B T V Y V T G M R I H S I R
F E V E R F E W T H I N J K O E Y G
W M L F N Z Y C M U P Y S Y S Q O O
S A W P A L M E T T O O O A H L X Y
J H B U A O Z Z K J Y U Q V E I O K
```

BEETROOT	FEVERFEW	MILK THISTLE
BLACK COHOSH	GARLIC	SAW PALMETTO
CHAMOMILE	GINGER	SOY
CRANBERRY	GINKGO	ST. JOHN'S WORT
ECHINACEA	GINSENG	
EVENING PRIMROSE	GREEN TEA EXTRACT	VALERIAN

A 2008 meta study analyzed and compared the results of eleven randomized, controlled trials in which similar groups of participants were given either a garlic supplement or a placebo. Researchers found that taking garlic daily reduced blood pressure, with the most significant results coming in adults who had high blood pressure at the start of the trials.

Flowers Starting with "I," "J," and "K"

```
W P M M U M I A A J B X M C C C N O
I C Q K T P S C O I O E Q S O D C U
H L G V O O J N Z W M Y V T M Y A L
B K C M R J Q A Y I P Z N C P E I K
R Y O O L U L X C P P P A D Q N F A
J E B L I Z O F O O W V P K R A O U
A A X L H Z U P W L B U O I T R H X
J I Q I W S D I X E G S N M P O P F
C H Q V F N Q Y N Z C R L P K X I D
U H P X A U P S X J U M K A I I N H
I A V L V Q A P D J K Y R T D S K Q
P L E G O Y V X I A V U S I X D A K
G C E R K G X P G S J R I E D C E Q
I C M X X P Z Y E M F J R N T D O R
P M N T L W A H X I R Y E S I R I T
Q M D G O W P I O N R A B B Y T J O
I C E P L A N T X E H Q I T N N W K
I G I M Y L I L R I F F A K H M B R
```

IBERIS	IRIS	JASMINE
ICELAND POPPY	IXIA	JONQUIL
ICE PLANT	IXORA	KAFFIR LILY
ILEX	JABOROSA	KNIPHOFIA
IMPATIENS	JACOB'S LADDER	
IPOMOEA		

Plant species once thought to be lost or extinct have recently been rediscovered. In 2016, for example, four species of supposedly extinct tropical impatiens were found in India's Western Ghats chain of mountains.

Spices from Seeds #1

```
D C B Z W O I E V O E L P E P I F C
X A X R J H C B L A C K C U M I N A
L L I D O I I P T R F V D K H C S R
R X P I P W Y T C H U B C W E U E D
L F V S X N N G E O B J K L E R I A
W L L Q P G X M Z P L W E V N R R M
H L X F F L U Y U L E R Z C H N R O
A Q V Z J L K H N S Y P L C H L E M
M Y R T L E Z P D S T A P U P E B P
P Z U O T V Y K E J W A M E C L R M
J A R F Z F D E J O T Q R A R X E D
L N P K J A D N F K U K M D D X P U
Q E E R U P L Y I H C J E O O Z I X
Z Q N Y I J P E Y R E P Z D W Z N F
R Z X N D K U N G Y A I A W Z N U W
T S P W E N A U Y A S M Y X L I J K
H D S I E F H O V N L V A O H P Y X
R E P P E P O C S A B A T T A S J
```

ALLSPICE	DILL	PAPRIKA
BLACK CUMIN	FENNEL	TAMARIND
BROWN MUSTARD	JUNIPER BERRIES	TABASCO PEPPER
CARDAMOM	MACE	WHITE PEPPER
CELERY SEED	MYRTLE	

We get mace from the nutmeg tree, a tropical evergreen native to islands in the Indian Ocean. Mace, which has a spicier flavor and aroma akin to a cross between nutmeg and cloves, comes from the red membrane that surrounds the seed.

Potato Varieties

```
T E E W S E S E N A P A J E D V T A
L E H D X Q F T K V H J D L N L N W
F M E F W K H E C S J B O P P A E E
A R D W U E N B H X E G D P N R C U
N K E W S N L O O A D L V A R A S F
I O K N E H Y F D E M S B N O T E H
R B R B C N A J R P J N X N Y T R S
A E E L G H E N A F A Q L I E E C Q
H C P G A W F J N I D J B F M R N P
D V J B E N S I S A S M G E A U A Y
S J K L L Z D S N R H V E S K S I U
S E Y N Y E U R S G X E U O P S R K
I A I D H R J O E T E C T R V E T O
M E U L B L L A L D T R C X A T S N
X K I T N N K A H I I X L A D W U G
G R E D T H U M B H F R B I G Z A O
P U R P L E M A J E S T Y O N O B L
K Y E H O T D C V W B M U N G G W D
```

ALL BLUE	JEWEL YAM	RED THUMB
AUSTRIAN CRESCENT	KENNEBEC	ROSE FINN APPLE
FRENCH FINGERLING	LARATTE	RUSSET
	NORLAND RED	
HANNAH SWEET	PURPLE MAJESTY	RUSSIAN BANANA
JAPANESE SWEET	RED GOLD	YUKON GOLD

Today the potato is the fifth most important crop worldwide, after wheat, corn, rice, and sugarcane. But in the eighteenth century the tuber was a startling novelty, frightening to some, bewildering to others, and part of a global ecological convulsion set off by Christopher Columbus.

```
D K Y X M C I U E M D E E W K C U D
P E L Z Y N K W O L X U A L T L Q E
W H E H Y A D N D H M T V I O Z P E
G H E W U Z O S D A E H W O R R A W
A P I D D C K X D R I L M F P O V N
L I Y T H N K R M E N E W L E U X E
L P B O E Z O E P S O A P I D C R G
I P R W N W A P S X T V S M O J E Y
G I Z D S L A A N E E L M R G N W X
A K Q J I Y R T R A E G P E R O O O
T K W I B G Q H E F C A T T A I L S
O Y Y C K Z Y O X R L I I A S Z F Z
R F Z S Q A I S N K L Y R W S Z T K
W A U G C P H A B S U I O E D V O P
E M E I A L L I R D Y H L B M Q R F
E A N W D T N C V J H V E Y P A R T
D T F W A T E R L E T T U C E T A E
H F L O W E R I N G R U S H O Q P Z
```

ALLIGATORWEED

AMERICAN PONDWEED

ARROWHEAD

CATTAILS

DUCKWEED

FLOWERING RUSH

HYDRILLA

MONOCHORIA

MUSKGRASS

OXYGEN WEED

PARROT FLOWER

TORPEDOGRASS

WATER HYACINTH

WATER LETTUCE

WATERMEAL

WATERMILFOIL

WHITE WATER LILY

Hurricanes and tropical storms bring more than flooding and pollution to affected areas. They also carry invasive plants and animals into new regions of the United States. Invasive plants like water hyacinth, a floating plant native to South America, can grow densely on lakes and rivers.

Trees Starting with "J," "K," and "L"

```
Q K I U J Y U H R Z T V Z H Y E Y Y
V A B K X S G N V Z S D X O E D U D
Y P K T A M R G Q A U N V H H O L M
N O B Q U M S E D K C B C C K O E I
P K E N R J A N Y X O Y R V C W A H
Y N E M O J A Y Q Y L A W H N E D K
Z S F C I R M K O L L J L U U C T G
T H H H A L A T I K A E U M E N R Z
K P X K R T U Y G M M U Z N E A E K
A Z C Z S S P N P O S K R V I L E T
W A T U Y V Y O N S P Y Q E P P N M
J H R M L A P A I T N E K U L X E V
S A L A N J Z L A T A N P A L M Q R
R G X L L E U Q E Y H T H H B X P
G O B B J M L I O T X P V K K Q H Q
L C X Y A V A C O B F R L C H W H V
G P J E L L Y F I S H N G S X T G Z
H Z J B A X V S A I R A C I L L H W
```

JACKARANDA	KOYAMAKI	LEMON
JELLYFISH	LANCEWOOD	LICARIA
JUNIPER	LARCH	LIME
KAPOK	LATAN PALM	LLEUQUE
KATSURA	LAUREL	LOCUST
KENTIA PALM	LEADTREE	LYCHEE

If you travel to Bedgebury National Pinetum in Goudhurst, Britain, you'll find the world's most complete collection of conifers. The Katsura tree there has heart-shaped leaves that turn shades of pink, orange, and yellow in autumn, and the tree emits a smell like caramel.

```
H P J D T L E C B C A X K A V L Q N
Z O L Q O N I I M G Y X X D Z P A S
F M R V W R A Z X R K B R I P N B K
J I A S E D Q L E K R K E T V X O T
A G N M E K P L P R B X G E M Y K M
E Z R G H R E F H N A B N F R K H T
P U X Q E C A T P C O R I A N D E R
T Z U O Z R T D E Z A E G S X M N S
I P Y U N H R B I G V L L A Q W F F
S T E L J B W O V S C I T E Z A B O
A C I L E G N A O I H C C T M S C Z
Z O Y E L S R A P T Z O P I C A U R
P N B Y Z K H I U E C R N R J B H P
G A L A N G A L D A K I U E G I P C
T H J P F G O O R X J C U P P A K U
U S V Q O W A C X S T E A O A H C J
F H H S A R S A P A R I L L A C F Y
W Q Y O Y V V Q R V S J C E Q B Y H
```

ANGELICA	FINGERROOT	PARSLEY
ASAFETIDA	GALANGAL	SARSAPARILLA
CELERY	GINGER	TURMERIC
CHAMELEON PLANT	HORSERADISH	WASABI
CORIANDER	LICORICE	ZEDOARY
	LOVAGE	

Licorice root has been used for centuries as an herbal remedy to treat conditions from common colds to hepatitis. Yet when consumed in large quantities, it can cause the body's potassium levels to fall so low that some people experience arrhythmia, a rise in blood pressure, swelling, and even congestive heart failure.

Trees and Bushes from the Bible

```
M Z E A V U S W X S Y P U A R Z O C
X Y V N J N F I Z S H I S L A E E H
A E R F A A A L P E Y E K M L D Z K
H F H T X L V L S R R Y Y O P I G E
H X J M L A P O R P T A M N O Q T S
T C P X Q E Q W S Y O Y F D P A L I
K A K K R F J I I C W Y B U N A J O
A A M F E L H Z J M C P I A W M V W
I N S A N E P K R E P H R U U H N Q
J C J R R B Z M J S K G T L N Y B O
G Q N Y F I G O F C E T B R N X L D
A R Z U T Z S A W M E E Z O D I Q M
P C A O F X N K O W R N B X V A K H
H P A D K Z P P V R Y E Y E W F T X
K F D C E N J S Y C A M O R E M Y T
Y M Y S I C L V A D Z L T A F U X L
S P F J H A M O O R B Y N F U R E K
O D A C Y X W P Y S T V O X I H G G
```

ACACIA	FIG	PLANE
ALMOND	MULBERRY	POMEGRANATE
BROOM	MYRTLE	POPLAR
CEDAR	OAK	SYCAMORE
CYPRESS	OLIVE	TAMARISK
EBONY	PALM	WILLOW

For around 300 years, the Tree of Ténéré, an acacia, was the only tree for 250 miles in Niger's Sahara. It was used as a landmark by travelers passing through the hostile terrain, but it was accidentally destroyed in 1973. Today, the tree's dried trunk rests in the Niger National Museum, and a sculpture has been erected in the place it once stood.

Most Endangered Trees in America

```
H G X S Z M G F B H E T F I T I H K
E O I P D A W I R O L Z V I T C C Y
N W W X X P D E A A Y N F W V X Z L
I E P T V L C D Y N S N A W X T Q J
P N S C X E Q O Y A T E Z P B U H
F C Z L M L H A A V D S R O X P R H
A Y K G A E M G N S E I E F N Y G F
E P G W V A K B E N T M R Q I O Y W
L R L C W F C P H S T R D O U R A C
G E W U J O S D P Y J L E B L O W K
N S I A C A R I X E J V C D T F I J
O S C P V K T D S S Z F U Z W L Z A
L D W A P W A P L A T E P R U O F J
Y N A G O H A M A N I L A T A C O A
U L U O L S B H N D O C S A S Y L D
H A W A I I A N A L E C T R Y O N K
O Z T R A Y E R R O T A D I R O L F
N J P G Q E N I R G V C P W U G N M
```

BOYNTON OAK

CATALINA MAHOGANY

COAST REDWOOD

FLORIDA TORREYA

FLORIDA YEW

FOUR-PETAL PAWPAW

FRASER FIR

GIANT SEQUOIA

GOWEN CYPRESS

HAWAIIAN ALECTRYON

LONGLEAF PINE

LOULU

MAPLE-LEAF OAK

The coast redwood can stretch more than 377 feet above the forest floor. These titans line the Pacific coast of North America, but more than 96 percent have been cut down. Aggressive logging, especially after the California Gold Rush in the mid-1800s, removed 95 percent of coastal redwood forests.

Fruits Starting with "J" and "K"

```
G J C J A N R L F K X F Z W E T J E
W U E M O F U B H J A G W B C U I J
U J W T T S N S J L G R X E N O C E
J U F A I J T W O X U Q O I U A P M
M B F U U H U A U B E H P N E A R I
S E V Q R L H Z B T A E L T D I U L
G P P M F N K K O E R K A V P A C R
Z F D U K B E C V B R K Y I T G C I
X X C K C R A G E G I R H B G N U F
S X C C A J V R Q H N M Y P U Z W F
P O W L J Z R W A G H A B N F R P A
X Y A K I Y N K N E L K L J X D P K
J A T O B A K A P O K E S R V B N D
L U B M A J D S I K L P K F O U H J
O K P A Y N G B O F G E C C S K K B
Y H D M U P A W D U F L A J Y Z N W
P I Q K E B C X A S H X R W I W I K
C N M V Z D H A K E N Q H M Z L Q Y
```

JACKFRUIT	JUNIPER BERRY	KEPEL
JACOTE	KABOSU	KIWI
JAMBUL	KAFFIR LIME	KORLAN
JATOBA	KAHIKATEA	KUMQUAT
JOSTABERRY	KAPOK	KUNDANG
JUJUBE	KARONDA	

Botanically speaking, the dark little berries of juniper trees—which are conifers—are female seed cones, not true berries. However, they look and taste enough like berries to deserve the name. Juniper berries are used as a flavoring in Northern European cuisine, especially in Scandinavia, Germany, and France.

Tundra Plants

```
R E W O L F E U Q S A P E Y F W I P
A E T R O D A R B A L F S P R O P U
G S G C U T I Y H N K A O P T L S R
P T S Q A L U W S G G M R O U L S P
D Z I A L R L A B M O A A P F I A L
L A Z X R O I E Z T H X R C T W R E
V S Y Z K G A B B R Z J D I E F G S
C P H H I R N T O S D M N T D A K A
Z K R T B H X O S U Y N U C S E C X
M Q A E F U U O T X M Q T R A L O I
K C R A H T M Z A T Z O T A X D S F
A R C T I C W I L L O W S Z I N S R
Y E A Z I F I O A R Z C K S F O U A
S K M T Y Q L K B J J V F Q R M T G
P K C F G W J L S L B I H O A A I E
Y R R E B N O O T A K S A S G I V H
A M O S S C A M P I O N B B E D D P
T N A R R U C D E R N R E H T R O N
```

ARCTIC MOSS

ARCTIC POPPY

ARCTIC WILLOW

BEARBERRY

CARIBOU MOSS

COTTONGRASS

DIAMOND-LEAF WILLOW

LABRADOR TEA

MOSS CAMPION

NORTHERN RED CURRANT

PASQUE FLOWER

PURPLE SAXIFRAGE

SASKATOON BERRY

TUFTED SAXIFRAGE

TUNDRA ROSE

TUSSOCK GRASS

While analyzing samples from 12 Nez Perce pipes and pipe fragments dating from 1,200 years ago to more recent times, researchers expected to find biomarkers for kinnikinnick, also called bearberry. To their surprise, they found nicotine in eight of the 12 Native American pipes, proving the longest continuous record of tobacco smoking in the world.

Varieties of Roses

```
F C E L T M N R W F A M A B A T O Q
H B S G I O A K L H I C Y R U G T Y
W T G Y B M L O T N I V O D W R Y L
G X E R B Q R N I L X L L C Y O H G
X R U L Q I A A L K F F H I R U Q S
U O I I B Y T A B I Q I P Y P N Q V
B N M U L U G E D O N N V T H D O Y
G Y N O R E N N A C W X P Y C K Y
D D P E P W A Z Q G I Q V G B O Q A
A Y V I B R G P D L L A W O R V J B
A B T C G P D S D R M I S S I E I E
R L A I L O F I T N E C S I D R B S
C T B H B P K Q K I J T Q H T P K Z
X R R A G S F K P X P J S M E S Z V
I R W A U L E Q V X R U V D A M T O
A J X M Y L F F N F G T L M N A N W
G N I B M I L C K V I B A O D H F Y
U I O D D X L P H N K D P B L P I M
```

ALBA	ENGLISH	MINIATURE
BOURBON	FLORIBUNDA	MUSK
CENTIFOLIA	GALLICA	POLYANTHA
CHINA	GRANDIFLORA	RAMBLING
CLIMBING	GROUND COVER	SHRUB
DAMASK	HYBRID TEA	WILD

Nairian is an Armenian company that produces all-natural skincare products from essential oils made from the country's indigenous herbs and plants. Damask rose is one of Nairian's most valuable crops. To obtain just one quart of this precious oil, they must distill five tons of petals.

```
I  S  V  M  H  U  V  W  V  K  U  T  X  B  D  X  M  S
Z  A  Z  U  K  I  H  S  N  L  Q  S  L  Y  M  J  G  N
U  L  U  I  A  J  B  A  L  O  L  A  T  S  F  A  F  A
B  V  L  N  E  Z  E  I  Y  R  C  F  M  E  M  R  M  P
Q  I  M  I  S  T  Z  R  S  K  L  A  N  T  A  N  A  D
L  A  N  H  V  I  B  A  E  C  A  E  S  D  B  Z  I  R
O  V  S  P  A  E  S  Y  E  E  U  C  W  O  I  T  T  A
Y  K  J  L  J  I  E  P  G  O  M  S  U  Q  D  Q  G  G
S  X  F  E  A  D  N  N  O  U  Y  G  C  Q  P  X  J  O
I  S  S  D  S  Z  A  N  I  E  A  S  U  E  L  O  C  N
A  V  R  U  P  R  U  N  I  I  R  I  Q  C  A  J  F  L
D  A  S  B  D  O  A  T  N  Z  J  O  R  Z  F  A  R  V
N  A  I  Y  X  R  L  V  N  K  K  F  C  V  D  B  Q  U
N  H  H  L  E  Z  I  L  H  B  S  I  T  A  M  E  L  C
V  O  D  G  H  L  K  M  I  G  O  M  P  H  R  E  N  A
P  C  J  V  L  A  G  D  S  L  Z  H  I  R  N  N  I  E
Z  Z  F  E  F  E  D  C  J  X  Y  A  L  D  U  B  O  K
O  I  A  R  E  W  O  L  F  N  U  S  A  M  V  O  S  I
```

BLACK-EYED SUSAN	DAHLIA	LANTANA
BOUGAINVILLEA	DAISY	LILY
CLEMATIS	DELPHINIUM	SALVIA
COLEUS	GERANIUM	SNAPDRAGON
COREOPSIS	GOMPHRENA	SUNFLOWER
	HIBISCUS	ZINNIA
	HYDRANGEA	

The 92nd Scripps National Spelling Bee took place in 2019 and ended in an eight-person tie for first place. The winning words in the final round were: auslaut, erysipelas, bougainvillea, aiguillette, pendeloque, palama, cernuous, and odylic.

Funeral Plants and Flowers

```
K U S T B B G J R P V R O P D T P M
L F H Y D R A N G E A D K I W U O F
V I R I C X V D F R K O H G R L P N
P O L M G O V K E M P C C O M I P V
F J T A S M B O C P R M V D J P Y V
I Y L A C H L A T O Z T J N L H Q I
F L O L Z I R Q C A F L U E A Q G G
E J O W Q N P H I L O D E N D R O N
S D K I A M U M E H T N A S Y R H C
O V A T D R E W O L F N R O C I F W
R H I F F A I Q K L R U F Y C T P A
S O T A F Z L T O N E M T E G R O F
N T I N Y O K G G U I W X X R L G I
X L E M I J D F P H Y V J X G I I D
J F K L V C O I M K V L K X G L K Z
R V D Y O I A W L R C Y T I C Y J N
T B O J I I F Y Y N M O E N L U X I
V T K D I S V K H I O W F Y H I Q A
```

CARNATION	GLADIOLI	PHILODENDRON
CHRYSANTHEMUM	HYACINTH	POPPY
CORNFLOWER	HYDRANGEA	ROSE
DAFFODIL	LILAC	TULIP
FORGET-ME-NOT	LILY	VIOLET
	ORCHID	

In a series of excavated graves near Mount Carmel, Israel, dated to 13,700 to 11,700 years ago, a team of archaeologists found impressions made by flowers and other plants apparently buried beneath the dead. This is the earliest evidence we have of flowers being used in burials.

```
D E S N H O K R W O O R M B C S S D
O J N R I O M Y G T R Z R J M E Q P
P N F N T K M W C O L C G G R I K Q
W Y A R E B E L L C V H Q R T R R W
S M S L E Y Y D W O E M A Z V P C D
T B C M B S A I N R A N I Y R H M F
Z Y O I H O N C F L O A M N A B U C
T E T E V F P O L J A L A P E N O I
P L C H T P V I O L L I J A U G X K
Y L H A V I S C Y K Z I O M R P B I
C O B N U A I L E E Y M V I I P R U
P W O A P Y J J D T G V B Q P I E A
I C N C G N I O K F Q N U A P I E Q
M H N V N C O I H W B I V I N S Z X
E I E K D J O O I A L N R K A A H I
N L T U N P K Z W L X I I V E V N I
T E D B K E Z G O D P P O E W Q F A
O H A B A N E R O L N U Q L A N E F
```

ANAHEIM	GUAJILLO	PIRI PIRI
BANANA	HABANERO	POBLANO
BELL	JALAPEÑO	ROCOTO
CAYENNE	PASILLA	SCOTCH BONNET
CUBAN	PIMENTO	SERRANO
FRESNO	PIQUILLO	YELLOW CHILE

On the Scoville scale, a numerical rating aimed at quantifying spiciness, the jalapeño tops out at around 8,000 units. The hottest pepper, the Carolina reaper, typically falls somewhere between 1.5 and 2 million Scoville heat units.

Fruits Starting with "L"

```
L D L Y B L W K E J W E P L Y G L L
A Y C I E I T O Z N C Y L E R M I O
J K C M M M O O P T S A F C R S P R
N J O H P E N Y A K D T B O E H P D
A N J U E R Q B U Y D A F N B V E L
R Z Z F A E E U A K W U Q T N E N A
A T A Y C V N P A W B Q K E O L S M
L O Z E X D P U M T H O G P G P M B
A M U C U L V C U B B L K E N P A O
U U R G E B M M S E A E D A I A N U
L O G A N B E R R Y B T G R L Y G R
L A N C E T I L L A M A N G O T O N
O U C G U E P I A Q A J V Q K R Z E
L A R D I Z A B A L A R E Q T E L A
V N E P S A N O M E L W C T I B G P
P Q H I R M U W L H P T M L X I N P
L S M P M J V D U A K J I Y J L M L
A E H X G L A N G R A M A N G O N E
```

LADY APPLE	LEMON	MANGO
LANCETILLA MANGO	LEMON ASPEN	LOGANBERRY
LANGRA MANGO	LIBERTY APPLE	LOQUAT
LARANJA	LIME	LORD LAMBOURNE APPLE
LARDIZABALA	LIMEQUAT	LUCUMA
LE CONTE PEAR	LINGONBERRY	LYCHEE
	LIPPENS	

The orange color and the suffix "quat" (think kumquat) lead many people to assume that the loquat is a citrus fruit— but it's not even related. It is a native of East Asia and a favorite summer snack in Europe, Japan, Israel, and Brazil.

```
Q E F K S U N L A N D B A O B A B W
E A S J L N W K F R G Y V W K X U P
L N Y W F J Q Z A A H J X X G Q K B
W L I N D Q K G V F Y N D S H U L H
I O V P N M O Z F B A B O A B T E C
Y B O T I N M M B B J A D O A E V R
W O F Z B M V Z T J S W Y V R I H I
Y Z S L A R E C A P A L M T R E E B
X E O H Q J J L E K B R S B E F S R
B O B I I O Y N L O U R J R I I I E
D F J G P N T W T O E P T A I L L V
P S I S I R O T H L W A S Z Y F K L
F V W L E R L C E N N P Q I J O C I
I G R E R E U V H O O S E L D E O S
M I K W T V A A W E Y Q V N O E T Y
A F P R I R O A K O R X W U M R T R
P T E S T S W U I D B R L T T T O Y
P E S I J P G W W P L J J Y M S E N Y
```

ARECA PALM TREE	DRAGON BLOOD	TRAVELER'S TREE
ASPEN TREE	KAURI	TREE OF LIFE
BAOBAB	SILK COTTON	WAWONA TREE
BOTTLE TREE	SILVER BIRCH	WOLLEMI PINE
BRAZIL NUT	SUNLAND BAOBAB	YOSHINO CHERRY

In 1994, David Noble, an officer with the Australian National Parks and Wildlife Service, noticed a cluster of unusual-looking trees. The trees turned out to be an ancient species of conifers experts had thought were long extinct. Today, the precise location of these 200 surviving Wollemi pines is a carefully guarded secret.

Aquatic Flowers

```
S I R P N J B B L S I F X L X J F C
D U C K W E E D I F V K J H L K A H
L M W M S C G V A K V O V J O B X Q
Z S S E R C R E T A W V Y Y O L L L
R P Q X Q M O G S L Y O B M H H J S
D F Z P B K R X D A R O B C A W I W
S L I O F L I M R E T A W S A R S A
T O K S J C H A A E B N T T I A P T
J A J I B M F U Z Z O X E E N A L E
E T P D K P C Q I L O R S U Q Z E R
G I M O P I L F L B L E B E O G K W
N N N N Y N V V N E N I U V W X S H
K G P I G H Y M T A A X R Z M G X E
W H F A R V X T P S R B K D Q P X E
W E G P D P U A W U G Z Q H C M S L
R A V M B C J D T L L C Y U J T H G
Z R D E E W D N O P E P A C U D A U
B T F W A T E R C A L T R O P S X Y
```

ANUBIAS

CABOMBA

CAPE POND WEED

DUCKWEED

FLOATING HEART

JAPANESE IRIS

KELP

LIZARD'S TAIL

POSIDONIA

WATER CALTROP

WATERCRESS

WATER LETTUCE

WATER MILFOIL

WATERWHEEL

Seagrass could be a powerful and low-cost ally in the fight against ocean plastic. A bed of *Posidonia oceanica*, or Neptune grass, can collect up to 867 million bits of plastic in the Mediterranean Sea annually. When blades of the seagrass fall or break off, their fibers can form tangled masses called Neptune balls, which collect ocean plastic, then wash ashore.

Amazon Rainforest Plants

```
G M K R A U C I N N X R O A C A C V
Q I F A F C P P A L T U B I L R A M
R S A X P E P E F N M B C L X X T A
O E U N T O B Z A G G B B E T K K E
M D W R T R K L U U P E W M E K L W
E L E O O W P T I L I R F O T J N P
T E A T L E A M R R N T G R F F N H
Z N S P E F V T A E U R W B A V E E
L A X F I R N Q E C E E X E F L O E
C F F J O A F O R R H E L Q I I R R
O O D A S U C S I F L I I C S W C T
C F X J T A Y A Y S L I O I A P H T
E E R T A N A N A B S N L T W E I E
H U I M B A T R E E I A H Y E U D P
V K M D E A U H Z A J K P U I L X M
S M O N K E Y B R U S H V I N E S U
E E R T A N A R A G N A T R W R J R
V H L T N E W H M I W G M Z H E V T
```

ACAI PALM	GIANT WATER LILY	ORCHID
ACHIOTE	HELICONIA	PASSION FLOWER
BANANA TREE	HUIMBA TREE	RUBBER TREE
BROMELIA	IPE TREE	TANGARANA TREE
CACAO	KAPOK TREE	TRUMPET TREE
CASTOR BEAN	MONKEY BRUSH VINES	
COFFEE PLANT		

In place of Yellow No. 5 and Yellow No. 6, some of Kraft's macaroni and cheese products are now dyed with a beta-carotene concoction derived from achiote seeds. Dying cheese this way dates back as far as the seventeenth century, when people used achiote to dye all cheese to match that made from healthy, grass-fed cows.

Flowers Starting with "L"

```
A D F T Y B N C J H O O F C L Y S P
L E C H E N A U L T I A L U I U B L
Y L P M R V L G Z A F A N O H T A L
H U Z V U J L P D I Q G R T T D H I
N N C L A I P M P J W M N A Y U D L
K A Y T I I N F R O V A F S T H S Y
Z R M N R L S O R J I J S V H A M T
H I V U A L H T M S O L W W B S L Z
L A A V N L W W I I I B Z R G K T D
L I Z Z I A C L X P L P E Y I E P H
P H L S L C M U P Z K D Z S A B A X
U V B A A E K E Q W N B J J Y N R I
S W K E C L R Z K E E N I P U L E H
O U S D Y E L C V G O Q U Y Y Q T Q
B J Y W U A J A R U P S K R A L A Y
Y H L A A F L L M T P P G I O O V X
Y E L L A V E H T F O Y L I L F A W
L O B E L I A W A N M S H E Y H L B
```

LACELEAF

LADY'S SLIPPER

LARKSPUR

LATARA

LAVATERA

LAVENDER

LILAC

LILY

LILY OF THE VALLEY

LIMONIUM

LINARIA

LOBELIA

LOTUS

LUNARIA

LUNGWORT

LUPINE

Lavender has long been touted for its calming effects. Linalool, an alcohol that occurs naturally in lavender, was thought to be key to the plant's calming properties, but the precise mechanism at play wasn't clear. A new study suggests that lavender reduces anxiety through the olfactory system.

```
C R R N D V G U W Y G M U H G R O S
A B C R O S T N I L N O T T O C A D
U V S O G G U H E S H X G L M X F I
L C E C N R F G N C F R V E G P W V
I H P S M W X A A X I H J T F O G W
F D A Q M Z E E K R W R O T N T Y O
L I R B C B U F J H B X Z U S A I S
O N G R Y K Y P V G P E W C A T Z N
W E M O B R O C C O L I E E S O R B
E E S C O T T O N S E E D T E E H Z
R F M Z B T A K Z O A J J N S S I F
Y F V D O E R N S I U P A G D Z V J
O O L M G P Y L A C F C P J H G T Z
V C A N Q V N E S N R N X L Q I J B
Q T A H N T V Y L A A K Y Y E H Y R
O R S G Q C O B G Y Z B B C J W W F
O S J T B P A U A O K D C P X T M W
W H E A T I S I A D H R I E B G T Y
```

APPLE	COTTON LINT	SORGHUM
BANANA	COTTONSEED	SOYBEANS
BROCCOLI	GRAPES	SUGAR BEETS
CAULIFLOWER	LETTUCE	SUGARCANE
COFFEE	ORANGE	TOMATO
CORN	POTATOES	WHEAT
	RICE	

As late as 1812, tomatoes in America were still feared by some. In fact, a nickname for the fruit was "poisonous apple." There's a story about how Robert Johnson of Salem, New Jersey, stood on the town's courthouse steps and publicly ate a tomato to prove that it was safe; however, there's no documentation that actually happened.

Cherry Varieties

```
B P T F Q A X B H T N N N W N W S T
F E S R U U T I R E Q N A Y S V N S
D Y N N E Z E A L V V V E T U Z I U
A X F T T B E E V W Y A B D G K P D
P M V K O H M S N C X N Y M K C A R
N T T X T N A A N A E L B H H J L A
C T U E M N O E L B N X J E E U K T
S W E L T S R X R I T N L X P G I S
F W E I A O X U Q N D A E Q B Q J R
S P N V M R V J C G N W Z R H J J A
Z A S T U D E E Z A F G A N O I K I
Q X N M O R E L L O N T O H I H S N
F O T I E T O N M H J E L K O Q J I
M Y L Q W N Y X K V Y Z E K Q J N E
Z O Y R H T H M X X P U R K S N H R
Q N S T P U F J E Y H V Q Y S U H V
E K C B G M L H A L E S X Q O N X X
M P Z K C V R Y B N K O M E B Q M Q
```

BENTON	MONTMORENCY	SKEENA
BING	MORELLO	STARDUST
CHELAN	QUEEN ANNE	SWEETHEART
KIONA	RAINIER	TIETON
LAMBERT	SANTINA	TULARE
LAPINS	SELAH	VAN

Cherry trees, now an iconic symbol of the capital, came to Washington, DC, in 1912 as a gift from Tokyo's mayor, Yukio Ozaki. The 3,020 original trees were planted around the Tidal Basin and Potomac Park as a symbol of friendship between the United States and Japan.

Spices from Seeds #2

```
R Y C Z U N F U U R B W L A G D N O
O E J D U V Q J L L N T L O X R W C
L C P T W K H Y A I I L U U V Y P L
R C M P V D Q C M Q I U T N Y A C I
D E Q Q E Y K U W N P W E W D U G R
G F P W J P C W A S C U S H P F X E
J F P P E B N V W P I T I I A K R D
E I F P E F Q A M K R N N T L N G N
F H P Z W P J V U L S F A E M T V A
B E U V A M E P P H N N R M W X H I
R D F O C I K N O E C R A U S A A R
S P R U O U I G N N Q I T S Q Y N O
Y A W A R A C Y Q E C R S T R A N C
E L Q B Y P D P R S Y I B A I Z A I
W X I Y A R X Z G Y F A H R T B T S
L F M L C F U B C Y D D C D Y G T E
F E N U G R E E K Q W G D G K N O Q
E J N W O T N E M I P F W K S M N W
```

ANNATTO

BLACK PEPPER

CARAWAY

CAYENNE PEPPER

CORIANDER

CUMIN

FENUGREEK

LOVAGE

NUTMEG

PIMENTO

SICHUAN PEPPER

STAR ANISE

VANILLA

WHITE MUSTARD

The ancients knew to combine certain spices with various foods to make them go down and stay down, so to speak. Cumin deters the flatulence caused by chickpeas; epazote— also known as wormseed or goosefoot—makes refried beans act less like beans.

Trees Starting with "M"

```
A H L E V D D M A M H K H T F W E M
S K X B I R D A D L F D C Q H F L A
Z S Y L A Y K N M U L B E R R Y T D
E P I T N M H D G A O O R K C N R A
C N S G O K N A A Y N D G O I H Y G
C U O Q Z H I R L N J G R W K R M A
M H S I E M Q I T T E K R L K T D S
M L F P F Y L N X F S J L O J Y P C
D A N E E T S O G N A M T Q V E M A
I S G B D B V R N A R H T N T E O R
O U F N C S P A E D X I I I R X X P
W Y R A O V O N T C N B U Y V U Q A
K Y W W O L M G Y Y M Q T Z T X J L
T A Z G M A I E A O S A C N U I E M
V X N I P P V A M E S C A L B E A N
E A L L G T C A M E Q S P J K R R K
M K E M A H O G A N Y B I O X M S E
E P T C S M O U N T A I N A S H W J
```

MADAGASCAR PALM	MANGOSTEEN	MILK
MAGNOLIA	MANGROVE	MOMBIN
MAHOGANY	MAPLE	MOUNTAIN ASH
MANDARIN ORANGE	MAYTEN	MULBERRY
MANGO	MERYTA	MUSTARD
	MESCAL BEAN	MYRTLE
	MESQUITE	

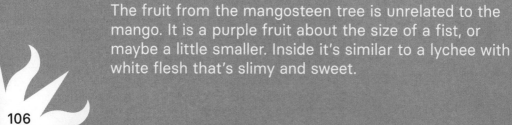

The fruit from the mangosteen tree is unrelated to the mango. It is a purple fruit about the size of a fist, or maybe a little smaller. Inside it's similar to a lychee with white flesh that's slimy and sweet.

```
S A R G E K O H C J S E Q D J L G C
K A M C D J M C K G C T P I N E W Z
K S L I W J V X L Y H B R K J O C I
J E C M D V U X R U S L I A T L A C
H R A I O K G A C V V A Z R W C J T
Y V M E P N S K Y E K C F P E L O W
L I C O G P L B F H U K R E I D Z A
Z C B R K E S I C E I L L A L O L L
L E P Y A R N U L S C M U N Y J P E
J U R Z M N Y U P O X G O L U K V X
A E M D H Z L Z F O P G B O Y S E N
J R N O Y R L J O G N M D M C Z X F
K E E B X I R M L I H R X D T D L R
T Z X K I J L P L U A I U O Z O F K
W V M B O O V P Z C H O Q J F B C G
N D J L I G K I W P L Q H P E B N V
T Z E U V Y O E D C Z J W C B Q N S
W U A E B X R K Q P W Y I J M I W H
```

BLACK	ELDER	OLALLIE
BLUE	GOJI	PINE
BOYSEN	GOOSE	RASP
CHOKE	HUCKLE	SALMON
CLOUD	LINGON	SERVICE
CRAN	MUL	STRAW

An Old World native grown in America largely as a shade tree, the mulberry is a prolific producer and one of the most under-appreciated of tree fruits. Some mulberry varieties are cotton-candy pink, while others are purple, and others jet black—and all, when ripe, are pure sweetness.

Apple Varieties

```
H J T F G Z Z T G G D P M K I B H A
X O Q T J H T F L A P H A T E D J P
V G N B P U Y O F L I E B S E D D A
D K P E D I Q E N A X Z R P E A A S
F U J I Y X N H L G Q E A F O N D I
L Y H V B C L K S L U S E W I R I Y
H D P I N N R T L D Q O B A J H C W
W T G S T I S I L A L Z U R Z V D Q
G V I K N E W O S V D F R K S P F S
C B M M R R G D J P M Y N C A M E O
Y X B I S A E O L C O R T L A N D J
N O P P N Y N H I A M B R O S I A O
F M V O A A N N T O B Z H W L Z O X
E W J B T M T N H R W F G C Z B Y N
G V W H J O R U A J O X J T Q C S K
A R A W S J E S N R I N Y Q P T H F
M N R H O G K N R Z G A A Z E B C U
I Z O G J N I E T S N E V A R G S X
```

AMBROSIA	FUJI	JONAGOLD
BALDWIN	GALA	JONATHAN
BRAEBURN	GRANNY SMITH	MCINTOSH
CAMEO	GRAVENSTEIN	NORTHERN SPY
CORTLAND	HONEYCRISP	PINK LADY
EMPIRE	JAZZ	WINESAP

Today's mass merchandisers tend to view apple varieties in terms of color, disease resistance, shelf life, and ability to be shipped long distances without bruising. Grocery stores often stock only one red, one green, and one yellow variety, which usually means a Red Delicious, a Granny Smith, and a Golden Delicious.

```
P R X L V Z A T O B F I Z M H N M Y
V J D X N Q C I U K O T A B I K Q J
Y S I A D O A Z H L B L H R Y F N L
B J Z I Y L M T P T I E A H X R Q E
B K J P T X E L M B Y P R R S U L Z
M A Y R A M L N I I A S A Y G Y D A
N S J D Z K L X Q L M B R O A E Y H
H E S V W N I Q A A L P L O C S E K
L C E E C L A H R J L U J O F O B Y
U X N S F T T G A C O C M K S P W B
K H F X W N U P W A T B S M C S C W
W C M M A E C M O B U Y D V Q P O H
I R Z M R Y A N D C S Y W N K X K M
L E A I N F L C L T Z M K A M A L A
R S T T H O M A Y X Z I I D J H E K
U E H A W R Z V T Q S U S A N N A H
C I X P Z Z I U P E J N F M O B Y A
A F G W C V Q A P X P B K F N E P X
```

BLOSSOM	IVY	PETAL
CAMELLIA	KAMALA	POSEY
CYNTHIA	LILLUM	SAMANTHA
DAISY	LOTUS	SUSANNAH
FORSYTHIA	MARGUERITE	TULIP
HAZEL	MARYAM	ZAHARA

The tulip was among the most prized flowers of the Ottoman Empire, eventually becoming a symbol of the Ottomans. It is not a very common girls' name, but has slowly been gaining in popularity over the past decade.

Fruits Starting with "M"

```
Z L N E M Q O C O B P C Y L L Y N M
Z O I R M E J L O G R W A J A H E E
H O R W A X L T L F N U B V T X U D
P M A Y D M Y O F I Z A O Y I N O M
J C D F I S A T N R R N M C W L S A
A I N E S I N Q M P A B A E L X F C
Y N A V O B G R U R E N M I U G O A
U T M Q N V S T D I L A C E U R N D
C O U Y P S N A B I D N R P M T N A
A S G N E A M A M N O L E M K S U M
R H M Q A J F E X M A N Z A N A Y I
A A P M C M U I A V N Y S P P W H A
M P D K H P A M W O D O C Y M I P N
Z P R A E P E D I R P N O T R E M U
I L Y F Y L H X A K S B I N D L P T
G E P R X M I R A C L E F R U I T I
N O M E L R E Y E M A D E J P K Q X
M O R A J X T I P T C M L Z G G D E
```

MACADAMIA NUT

MADISON PEACH

MADRANO

MAMONCILLO

MANDARIN

MANGO

MANZANA

MAQUI

MARACUYA

MCINTOSH APPLE

MELON PEAR

MEMBRILLO

MERTON PRIDE PEAR

MEXICAN LIME

MEYER LEMON

MIRACLE FRUIT

MORA

MUSKMELON

A majority of the world's cultivated macadamias are grown in Hawaii, but the crunchy, creamy nuts are indigenous to Australia. In fact, a recent study has shown Hawaii's macadamias stem from a small group of trees, or possibly just a single tree, in Queensland.

```
B J C J P Q F Y R M P E U K Y P S L
Z E U A S D S E U T L Q E N E T T M
K J A P S W R R L Y F K J R H A A R
W X H O J O K X P Y P M I H O K M G
L E P R A C Y O W E T A E E M X E Y
U E C S F E R R X N N S Z B M B N Q
M L I H E C Q S B T Y T P U F C M L
K U E Y I P O P H M P N E T X W Y I
Z U S M M L A V M E E E D N I P W Y
L A T E P L X L U Q Z M U E N K W C
T G O P I V I A B L Z A N L C L M K
G B J T L O C T L K E L C L F F S C
C D P C T P W A S W F I L O O T J J
K F A Q Q L N F S I D F E P E F W F
X M G E X T U D D B P T J M O X A Q
Y K P P H O B C R E C E P T A C L E
F U O E O V A R Y Y O T B H B S H C
E J R A M G I T S P L J W S D O N R
```

ANTHER	OVULE	RECEPTACLE
CARPEL	PEDUNCLE	SEPAL
EMBRYO SAC	PERIANTH	STAMEN
FILAMENT	PETAL	STEM
MICROPYLE	PISTIL	STIGMA
OVARY	POLLEN TUBE	STYLE

Who can imagine a more perfect confluence of design, function, and beauty than that represented by the simplest flower? Any one of its attributes is miraculous: the vivid or subtle display of color; the exquisite dance of sepal, petal, stamen and pistil; the complex and wondrous fragrance that no perfume can improve upon.

Shrubs

```
A A R R O W W O O D V I B U R N U M
Y D E B T S B R X P B N C E K M R N
H W E F T O C X X H A C N N C B E O
S Q F M X N T T J J Y W Y G O Y D R
H C C W O W F Y G H L Z S L L L T A
J A O D T R C D K B A Y H I M L W H
M O D O T A D L L I U B B S E O I S
D A P B L B P N E Y R G R H H H G F
M E Z I X A R X A L E T U H N Y D O
C A L A E W J K Y I L H A O A R O E
C T Z V L A I L L E M A C L I R G S
A I H Q R E F L X P H C Q L D E W O
I V V Z Q E A I I A J N J Y A B O R
O R C I N Q U E F O I L O X N K O O
L O A I H T Y S R O F D M U A N D V
L B F W I T C H H A Z E L N C I I D
G R I N O R D N E D O D O H R V P O
Y A O A K L E A F H Y D R A N G E A
```

ANDROMEDA	CAMELLIA	OAKLEAF HYDRANGEA
ARBORVITAE	CANADIAN HEMLOCK	RED TWIG DOGWOOD
ARROWWOOD VIBURNUM	CINQUEFOIL	RHODODENDRON
AZALEA	ENGLISH HOLLY	ROSE OF SHARON
BAY LAUREL	FORSYTHIA	WITCH HAZEL
BOXWOOD	INKBERRY HOLLY	
	LILAC	

While witch hazel has many beneficial medicinal properties akin to a fortifying potion, its name surprisingly does not have a magical origin. A "witch" tree or shrub has soft, pliant branches, from the Old English "wice" or "wīcan," meaning "to yield."

Subshrubs

```
R  P  I  Q  K  J  O  X  S  R  I  Q  N  D  F  V  I  W
U  E  G  B  I  I  F  F  E  U  I  K  E  K  S  W  U  O
D  R  H  T  L  W  Z  D  U  V  P  S  S  R  Q  U  X  R
Q  I  H  T  K  U  N  S  S  I  E  W  L  E  D  E  O  M
I  W  T  J  A  E  E  O  P  R  Q  W  D  W  P  C  T  W
X  I  N  H  V  E  H  M  T  T  Z  E  V  T  K  B  N  O
E  N  C  A  Y  Y  H  S  I  H  O  K  B  R  D  V  A  O
G  K  L  J  Q  M  E  N  R  S  U  V  O  J  E  P  L  D
A  L  I  Y  V  N  E  T  K  V  T  S  L  M  L  L  P  N
S  E  Q  I  N  Q  Y  R  A  M  E  S  O  R  W  U  N  D
N  O  A  A  L  O  L  T  Z  Y  V  N  P  A  D  Y  R  E
A  F  R  I  C  A  N  W  I  L  D  O  L  I  V  E  E  E
I  F  A  E  H  C  H  C  O  I  D  O  G  C  R  D  T  R
S  A  P  H  G  P  N  Y  U  L  F  H  R  R  K  E  N  W
S  V  I  N  C  A  D  I  F  F  O  R  M  I  S  O  A  O
U  V  E  V  S  U  N  S  E  T  H  Y  S  S  O  P  L  O
R  N  J  M  X  Z  V  O  V  B  O  X  U  V  D  D  T  D
H  V  W  N  U  A  Q  S  S  Y  M  Y  R  T  L  E  Q  S
```

AFRICAN WILD OLIVE

BLUE MIST SPIREA

DEERWOOD

DESERT SENNA

EDELWEISS

HEATHER

LANTERN PLANT

LAVENDER

MYRTLE

OREGANO

PERIWINKLE

ROCK ROSE

ROSEMARY

RUSSIAN SAGE

SUNSET HYSSOP

THYME

VINCA DIFFORMIS

WORMWOOD

Early Greeks and Romans recognized seasickness and noted that professional sailors were relatively immune. Their cures included sniffing fragrant herbs like thyme and mint, rubbing ground wormwood in the nostrils, eating rose petals boiled in wine, or simply fasting before a voyage.

Flowers Starting with "M" and "N"

```
D A X S M D D N M N A W H E G K M I
O E N U A Z G Q E T V Z C G T N E R
P H I Q G L U N D M Q Y A M U N C A
O P Z Z N A L L I V E D N A M Y O C
I M Z H O F O E O O L S O O M S N S
Y Y G J L G W L G P T X I I F I O U
L N J B I R H E M I W C M A X A P M
Y Z T R A A E B V U N O U Z I D S F
F M A Y F L O W E R S B L N O E I H
H M W D P F F C O A F S F E V T S T
N A S T U R T U M L U L M P M I L R
O P D Y U H U Z E S F S L E O R F Q
A Y H X J N C T S M U N Q T I E B M
K X F G Q G G I A A R B O A I U U M
J O U Q K C C L T V D S R O U G O Z
J T E D K R L P H U Z Q R S M R F V
I G S K A O D O O H S K N O M A R Y
B X Q N W A N A I T O C I N C M I V
```

MAGNOLIA	MECONOPSIS	NASTURTUM
MALLOW	MIMOSA	NEMESIA
MANDEVILLA	MONKSHOOD	NEPETA
MARGUERITE DAISY	MOONFLOWER	NICOTIANA
MARIGOLD	MUSCARI	NIGELLA
MAYFLOWER	NARCISSUS	NYMPHEA

The Atacama Desert in Chile has earned notoriety as the driest place in the world. However, in 2015, heavy storms brought rain that caused catastrophic flooding. But the rain brought life, too, and the desert became packed with wildflowers, including seemingly endless carpets of pink mallow flowers.

```
N A K E R G F P A R M D I Y S I S X
G D I V E X A I U O C A J R W I N M
X H E S N R N R O Q E T P O E V S O
H H O S L I T N D L C U R L E F U X
E K X S T E F A K E Q R Q G T D T M
N S L O T L F C U J N A I G R R C N
I J C Z O O U N A H O I M N O C A J
W I T W Y S R S U E S J A I C E C L
N A E C Y I M C K R U O D N K P O E
N R A E B I I W H G B H J R E O B X
Y O N C N J N O H I A I A O T R M V
P O Y E O Y C B I I D V C M S T U B
H I X Q U Y U C C A B Y E T X O H A
E S O R M I R P G N I N E V E I C K
E L P P A Y A M Q P M X N Y R L O D
V S T J T D H W S C Q F E N U E G H
F O U R O C L O C K O Y K B R H I H
Q E E X R U C Q Q R Z A M Q J I H K
```

BRUNFELSIA	HELIOTROPE	MOONFLOWER
DATURA	HIGO CHUMBO CACTUS	MORNING GLORY
EVENING PRIMROSE	HONEYSUCKLE	NICOTINIA
FOUR-O'CLOCK	JASMINE	SWEET ROCKET
GARDENIA	JOSHUA TREE	YUCCA
GHOST ORCHID	MAY APPLE	

Without nectar to attract pollinators, Joshua trees rely solely on the unassuming yucca moth for pollination. Yucca moths use their dexterous jaw appendages to collect pollen from Joshua tree flowers. In turn, the moth uses its thin, blade-like ovipositor to drill a hole in the wood and lay its eggs on the flowers' seeds.

Animals That Rely on Saguaro Cacti

```
N F B A A A A A D J J N Z P D K L B
P I G I L D E D F L I C K E R W W O
S H T N K E A X A Z Q A J E F A O B
S P O R W I B W A L P Q A H L H D C
X T A U A B Q D A I R S C S Y D E A
G F A R S M T T U R X N K N C E N T
B Y A R R E N E V A R R R A L R S
M U B F D O F L J F F W A O T I O T
B K M H B O W I P K R F B H C A H A
M W Z B Z B O U N R R Z B G H T T B
J M W Q B X G W G C U G I I E D A W
S C R E E C H O W L H P T B R E E W
S R E E D E L U M Q S R A G S R R Y
C L Q Q S Q J A P A X J C R T N G V
C P L B P W B L A N I L E V A J C P
R E K C E P D O O W A L I G Q I S D
Y R A C C E P D E R A L L O C C O J
I Z S L P G V F H K K E J T P U S E
```

BATS

BIGHORN SHEEP

BOBCAT

COLLARED PECCARY

FLYCATCHER

GILA WOODPECKER

GILDED FLICKER

GREAT-HORNED OWL

HOUSE FINCH

JACKRABBIT

JAVELINA

MULE DEER

PURPLE MARTIN

RAVEN

RED-TAILED HAWK

SCREECH OWL

SPARROW

WOODRAT

The saguaro cactus, the very symbol of the Southwest, is doing just fine despite persistent rumors that it is endangered. This charismatic plant grows slowly: a 6-inch plant is at least 12 years old, an 18-incher more than 20. Saguaros first flower around age 50 but do not grow their first arms until 75.

```
J A S M I N E O T M X N S B D F K B
P K H E S A T R E P P E P U C S B E
M H S Z E H F C I G E Z Y H T N B A
C E E T I E L H E S O R E R F O W R
S V O S P O Q I Y Y K R L G W I L S
Q R T I U L A D R L R O L M W T D B
P L L E A N W B B Y N N A C N A S R
E U Y N R C F Z B W W U V N S N S E
T W R C N X A L A G D H E J W R I E
V X Y C K R O L O J P T H T V A E C
S O B Q H S S F L W F O T T N C W H
U B Y I S T K A L A E Z F P S D L S
B J I O Q D M D T S L R O M L E E Q
I A M G K C Z G P R I I Y W Q R D Q
B L A C K O R C H I D R L W P C E T
E L T T A W N E D L O G I Y N C U P
C H Y P H H T D K R X L L E V T X J
O O Q C O D S O I S O Z U N R H N D
```

BEAR'S BREECH (Greece)	GOLDEN WATTLE (Australia)	PROTEA (South Africa)
BLACK ORCHID (Belize)	IRIS (France)	RED CARNATION (Spain)
CALLA LILY (Ethiopia)	JASMINE (Pakistan)	ROSE (Slovakia)
CHERRY BLOSSOM (Japan)	LILY OF THE VALLEY (Finland)	SUNFLOWER (Ukraine)
EDELWEISS (Austria)	LOTUS (India)	THISTLE (Scotland)
	ORCHID (Singapore)	TULIP (The Netherlands)
	PEPPER (Liberia)	

Sunflowers have long been a beloved symbol of Ukrainian national identity. In 2022, as Russia invaded Ukraine, the flower—*soniashnyk* in Ukrainian—took on new layers of meaning, emerging as a global symbol of resistance, unity, and hope.

Sources of Vitamin B₉ (Folate)

```
R O F B Q Z N S P I N A C H Q B T B
I W I Q G J L I L O C C O R B D S O
E C A U L I F L O W E R J I R B M Y
Q W E N T C R C L V V I W O X W A S
A E S N U K N K I Y C R R K H W G E
S P E W Z F G H P L E G Y S E K J N
W L D P E Q P P E A B R S D O A C B
O A S B R E W E R S Y E A S T Q E E
H W N J Z I T X G R F M G I L B W R
N E D P V T M P M O A W A Q E K H R
W M P F C B L O O M G Y D Y T P A Y
G I E Q M M D Q E T O U E U T N N F
R C D B A R L E Y S A Z K U U A B L
P O M E G R A N A T E T X J C E R O
N Z P X K Z S R Q N L Q O O E B I Z
D J G Z P A R S L E Y G J F U R C Q
M R E G T A E H W D N X H U C W E Q
G B R U S S E L S S P R O U T X R R
```

BARLEY	CAULIFLOWER	RICE
BEAN	LENTIL	SOY
BOYSENBERRY	LETTUCE	SPINACH
BREWER'S YEAST	PARSLEY	SWEET POTATO
BROCCOLI	PEA	WHEAT GERM
BRUSSELS SPROUT	POMEGRANATE	

The benefits of spinach are almost too numerous to list. It's full of nutrients, including vitamin K, vitamin A, and folic acid. It's got fiber and omega-3 fatty acids. And it's edible cooked or raw, in a salad or a smoothie.

```
Z N Y D M L S R R L U M H N C R Y M
B A P P U P P A X E U E E F N U N G
L G D W T O E X M T N P Y A R J Q L
A E R S T P D O O R A I M A L V X I
P I Z G I S Y C U L B D R V K X V W
O A O H P E A K I N O N D A P L U M
N N S T J T O H H K E M U B T R M Z
Y A W X C X O B M B Y N G R M C F J
N G A E Y G F A F M A G N H R D E Q
U I N F P G I L H A X B U G X N A N
H A L L I J N A R A N P N M Z U O E
M U U I X N A T A L P L U M N T C H
F M N X N E J C Q T S I R N E M K I
W Z D A I I Z H E T Q K X X E E U M
F W N F E A R E C O N S A P M G T I
Z C V D I Q A Y E F T J U Y V D V V
E N A V E L O R A N G E R E N D W K
R F J O R V Q T A P X Y Z O J E Q T
```

NAARTJIE	NATAL PLUM	NERE
NAGEIA NAGI	NAVEL ORANGE	NOCERA
NAM DOK MAI	NECTACOTUM	NONDA PLUM
NANCE	NECTARINE	NOPAL
NARANJILLA	NEEM	NUNGU
NASHI PEAR	NEPALI HOG PLUM	NUTMEG

In the early 1600s, nutmeg was one of the most popular spices among Europeans. For those who could afford the pricey seasoning, it was used as commonly as black pepper is today. Fashionable people carried around their own personal nutmeg graters.

A Rose by Any Other Name...

```
L R C H A U N K Y T O V J R Q V T C
O O T Y W J H L R P I P S T O R K K
O Z F J B M G A A C U Z K C I S O I
H I D I O B N I R K Q F O A T A A K
P O S L H D R I U T V F N R I Z U S
A X T U A T N E U Y P T S C I O Z D
K O Z F A H S X S N A L D X H R S O
B W I F F N C N U F G N O H G N O B
A R A L N N W K Y U V O Q L W Z J Z
L E P I U M N L I D R A W N E R U F
U T A O I I L O W A G B R R H N E P
G H T X Y O X H R W S U Z U A Y F R
N B O Y C S Z O B E R G W G E W K B
J A N G M I K K O C H P E H Q U A N
E Y R P S R D A J X A A F S D R D M
E Z W W R H A J O R P Z V F V Y R Z
E V M G V Y V Q X I M R U U G L N G
R O O S I E S K I R Q K W R C A Q X
```

AIRTAFAE	MAWAR	ROZA
BONG HONG	NHAINNSE	ROZI
FUREN WARDI	POYS	RUUSU
GULAB WA PHOOL	ROJA	RŮZA
IROZI	ROOS	TRANDAFIR
JANGMI KKOCH	ROSAS	TRIANTÁFYLLO

A famous patented rose is "Peace," for which a patent was granted on June 15, 1943 to French horticulturist Francis Meillard. Available in the United States since 1945, the peace rose has graced gardens worldwide and continues to be easily found at garden centers.

Autumn Flowers

```
H U C A F W P Q N K C V J P B M N E
U N X V G O L D E N R O D M E U P G
F O U N T A I N G R A S S U A M Z A
A Z Z R G O W S S B A L C I U E Q S
M S Z L Z X D H T E O N I N T H W N
Q G T X V Y F R S G O K F E Y T G A
V G V E C I A U W G J H L L B N P I
H I X O R L U B A U C A O E E A H S
Q W O N B G J R F M T B C H R S E S
U M T L N H D O Y O E E A Z R Y U U
X U U Y A P J S S L R F U Z Y R C R
I G G X A U U E I C A Q A L K H H G
H H X N S H S A F H T P W M Q C E P
D U S O T A U T U M N S E D U M R A
B P D N S W E E T A L Y S S U M A N
B L A C K E Y E D S U S A N C X H S
P I R E W O L F N U S E S L A F Y Y
D L C E B N H O K Q R B V D O Y N H
```

ASTER	FALSE SUNFLOWER	PANSY
AUTUMN SEDUM	FOUNTAIN GRASS	RUSSIAN SAGE
BEAUTYBERRY		SHRUB ROSE
BLACK-EYED SUSAN	GOLDENROD	SNAPDRAGON
CHRYSANTHEMUM	HELENIUM	SWEET ALYSSUM
DIANTHUS	HEUCHERA	VIOLA
	LOBELIA	

Tennessee's Great Smoky Mountain National Park is home to more than 1,500 wildflower varieties and hosts a yearly wildflower pilgrimage. If you miss the spring bloom, the park maintains its color through the summer and autumn, as wildflower varieties like black-eyed Susans take the place of the spring flowers.

Avocado Varieties

```
O F N W A G V H E T R E U F M B N L
B T R O A R A E T T I N G E R V C U
D E E R T S T L H G L J P O C T L L
K I Z S S R W A U K P U G N A V R A
W S L G B G E B P C J D E O M X Y E
V U W X D H E K A O O F U C Y H I S
O R O N E G R O N N E A Q A P B O U
C I X S E O M W T I M L E B S M R E
K H T V H N D B H U P O C Y E K P I
S C O Z A A F F L J R L S W R S R E
C S D Q A E R A A N R M C X P F A N
E P J B U M M W O B C H Q N A D R N
R L B I P E N M I O Z H Q S I R A G
N K M K U G T A R L U U Z L B I W Y
E Z O Q G U W T N G T U C J C L F I
W G C W O P X W E H A I Z Q C W R E
G E A Z D T A M N Z L H X D G H N
X H P V L M C Z U O O C V F R Q B T
```

BACON	GWEN	ORO NEGRO
BROGDON	HASS	PINKERTON
CHOQUETTE	ITZAMNA	REED
CLEOPATRA	LULA	SERPA
ETTINGER	MALUMA	SHARWIL
FUERTE	MONROE	ZUTANO

Our global obsession with guacamole and avocado toast has helped spawn not only record avocado prices, but also an uptick of avocado-related crime. In 2017, three men were busted for selling more than $300,000 worth of stolen Hass avocados.

```
T H M O D S R F Y M D D A F C F L S
O S U B M U I E V P O T O F A O E U
O U I C O U M F W O G X C L G M O S
R B R E E T S B H O G M S H C N P S
E Y U U T G T S C L L E X W A A A I
K L H Q I U K L O A A F M V R W R C
A F T I L N S V E C N Z E E I K D R
N R N I O C E C A B C E L C N V S A
S E A M B A F C A A R F U O A X B N
E T R Z U N I A S F F U C H O L A H
T T H Q S A S T O E O L S F V R N L
I U T H C C O M H K E S Q H B S E Z
H B U G P R A C F M Z J N W F L N S
W J R H B F S F A H Y D R A N G E A
I S H E P L C T P E R I W I N K L E
H H A B K G I R A N U N C U L U S C
Y N T C W S Q F G N H O R B X V E W
O O B M A B Y L N E V A E H J C F K
```

ANTHURIUM   FALSE ACACIA   MONKSHOOD
BOTTLEBRUSH   FOXGLOVE   NARCISSUS
BUTTERFLY BUSH   HEAVENLY BAMBOO   PERIWINKLE
CASTOR BEAN   HYDRANGEA   RANUNCULUS
CLEMATIS   LACEFLOWER   SCHEFFLERA
DUMB CANE   LEOPARD'S BANE   WHITE SNAKEROOT

Italian warlord Cangrande was at his peak when he conquered and unified northern Italy in 1329. Four days later, he died at age 38. It was believed that he had made the mistake of drinking from a polluted spring. Yet new analysis of his mummy backs up the theory that he was the victim of foxglove poisoning.

Trees Starting with "N" and "O"

```
D M S Z S L G Z N O T E M O T V D U
E C E S P G X E P F L C K A H C I G
O G Z E N R C R V D J V E J J A H S
J T N N T M L A P E L D E E N C Q
Y Q Q A A N U T M E G Q M M G E R V
Z F T R R H F R E G F P A A P C O Z
R P I M U O K C S I I X D M J G I J
X N N O N T J Q C L O L E A S T E R
E S P I X S U Q U E M F W J H F O I
N X H L P I Y T E U L R F M W E Y E
E V I L O B E O L T A Y U J G F S H
G Z B Q Y L L E A Q P R K A E K T E
O D X I I E Z R H J U H S D I D E F
X A Q N A L I N A I A O C M I C R E
J B K N H P Z L K Z K O J V X X W S
M E D D Z L J V O U I S P B A U O P
N E R F M B D F Y W N L Y Y G J O I
R M W D E U Z X F C L Q N C U N D G
```

NECTARINE	NUTMEG	OLIVE
NEEDLE PALM	OAK	ORANGE
NEEM	OIL	ORCHID
NIKAU PALM	OLEANDER	OSAGE
NILE TULIP	OLEASTER	OYSTERWOOD

Nutmeg and its sister spice, mace, both come from the nutmeg tree, a tropical evergreen native to islands in the Indian Ocean. The name "nutmeg" is derived from Old French and means "musky nut." The spice comes from the ground seed of the nutmeg fruit.

Top Farm Crops in Africa

```
S T T L K F A A T K J G S M Y H A C
C C E I H F J L N A D G I U K D Y Y
R O Z L L B E A N S I S K H O V Q K
Z R N A L Q A I F F Y O F G K W V X
A N F I P I M B Q A L Y B R J P C I
S L Z Y A I M E C I R B W O U E Z S
A U I Q C T C O L I V E S S C F F X
U V E Q D Y N C U L Q A E O S X G K
D X P N H Q X A W O O N F S E T Q N
O T A T O P V N L E A Q S F T Z I Q
A G M F M C S N T P X P I I A N W F
L J I K Y L O P M B M E C B D H T K
A D Q W V G E W W D I Y K O E V V P
R A N E E A D U P P K F S A T O X Z
Z O L F N L C Y C E P H T Q C T G M
Z S I U R Y J J S I A R U K M Y O Z
L N T C G K B C C N C M A J M K H N
C S P F K M B A U H J M G E Y A I T
```

ALFALFA	DATES	POTATO
BEANS	FIGS	RICE
CORN	MILLET	SORGHUM
COTTON	OLIVES	SOYBEAN
COWPEA	PEANUTS	WHEAT
	PLANTAIN	

The fall armyworm is a small, unassuming caterpillar, but it can cause widespread destruction. The worms, native to the Americas but recently introduced in southern Africa, have become a threat to food security and agricultural trade. In 2017 they mowed through at least 700,000 acres of maize, millet, and sorghum crops.

Most Famous Trees in the World

```
W R O V I V R U S A R E K G A A E C
G E C E M M D W X G R R L N N R S T
E K Y W E P A Z Y E Z J F A N B M Y
J E C E D R G J N F Z R B M E O A D
G S R V L J T E O H N R P R F L W I
I Z Q T N T T Y Y R S C W E R D I Y
M U D C S F T P D D O O O H A E H V
M O K Q O N E U C R K A Z S N L A L
J T L E B R A T R K A C K L K T L T
N R E R I E V M I B M H C A S U E U
A R O O V E I J G R H W Z R T L S P
T P N U K X T N Z N L S Q E R E U J
A N E P A D Z W B W A E A N E I H C
V X V Q L I C X U F Y H F E E T T Z
H Y O O S K M E L A G V I G G O E S
J A Y A S R I M A H A B O D H I M J
T R E M B L I N G G I A N T V J R L
U N A M I R R A M A M M A M M I H T
```

ANNE FRANK'S TREE

ARBOL DEL TULE

ASHBRUTTLE YEW

GENERAL SHERMAN

HANGMAN'S TREE

HARDY TREE

HYPERION

JAYA SRI MAHA BODHI

MAJOR OAK

METHUSELAH

OLD TJIKKO

SURVIVOR

THIMMAMMA MARRIMANU

TREE OF TÉNÉRÉ

TREMBLING GIANT

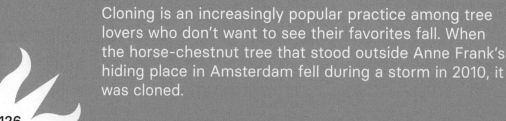

Cloning is an increasingly popular practice among tree lovers who don't want to see their favorites fall. When the horse-chestnut tree that stood outside Anne Frank's hiding place in Amsterdam fell during a storm in 2010, it was cloned.

Vegetables That Grow in the Ground

```
J A O P H Z H Y V A P M D C H C K P
H S I D A R B O Q V G I Q X C Z W B
S T U R N I P O R U I A N L S D O T
I W O A J D R K V S Q F B S N P J G
L O E K R A I A G B E E T A R C L Z
X K X E T R M T S T S R C K T A H K
G E U Q T A O H B I Y C A I L U P T
N Z O R C P A W D U E C Z D L P R Y
C P Z I X L O G R L X R U E I R Q I
A P J A L V I T E O M V W B C S A F
R G G O V N T R A H O A G B C T H G
R W T W G A I C D T J T D A I K O N
O Q R E E A S R Z D O Q B K P M Q Y
T G R W C Z Q S N T R K D T K K C L
S Q G J A E Y M A Z X W V P R C S I
U L V C P W Q I U C I A V N D D S D
W T Z Y C C L H K H N O I N O E E V
R L Q F S D R O M S G F J N M G T A
```

ARROWROOT	GARLIC	RADISH
BEET	GINGER	RUTABAGA
CARROT	HORSERADISH	SHALLOT
CASSAVA	JICAMA	SWEET POTATO
CELERIAC	ONION	TARO
DAIKON	PARSNIP	TURNIP

Smashing or chopping a garlic clove initiates a chemical reaction that produces a quartet of volatile organic compounds. One of them, allyl methyl sulfide, isn't broken down by your gut, so it enters the bloodstream and passes through your lungs and into your skin, from which you exhale it or sweat it out.

Orange Varieties

```
U B K Q D D Z V N W B F A O A Y M T
R T A Q W A S J C S A T S U M A A H
W L X I I I U P Z L I Z F S N R E A
I U M I A C B F L N D V D D O X U L
T X J B V N B C P B B T A C V N O J
M O Z C A E I Z W E U R C L E I T R
L U M F S L C N M Z I O D X E L U D
M D F A A A C Y H N D O O L B M O H
V A E B G V F L B A G U I N C A G D
J O P L G R L C E V S W D E A H Y Z
Q T I M L L E P O M C A R A C A R A
B C N I E I K B Y U E I M U M R F K
W K E V R G V E A I T N R I O X H Q
F U A F D C R E A W O P T S W O J S
E N P X M R V M S A R E P I R H V Q
B G P T O F H C M M S T E N N X H P
R V L U R A V I C L J Z F Y D E R I
W K E O O Q I M Q C H I N O T T O O
```

BAIANINHA	GOU TOU	PERA
BERGAMOT	HAMLIN	PINEAPPLE
BLOOD	JAFFA	SATSUMA
CARA CARA	MANDARIN	SEVILLE
CHINOTTO	MORO	TAROCCO
CLEMENTINE	NAVEL	VALENCIA

Certain species of Navel and Valencia oranges have a wrinkle problem. Scientists theorize this comes from a separation between the peel and the pulp due to the fruit growing too quickly. The rapid expansion of the cells creates small fissures that become noticeable imperfections as the fruit matures.

```
P V Q R J O O X P J K D R Y R U L Y
T A M V R L H L B L L X E A R W R P
C Y P A Q R V P E P A A D Q E R N A
F H N A Y F Q O X G V N F B E P O S
I G P Q Y O J A H R N J T B D E M S
E E L O L A H C A E P A E A L D M I
N N U P R W F P B N Z I R P I D I O
X U M C Y E A N K R L T P O X N S N
T R L N J W M Z Z L J A N H C X R F
J P M M P C W O A U E R K R J X E R
C Z A A H L U L P N N Z Y W I Z P U
V V W A G S O N I J B U T X P Y D I
J Q Q K J S N P K C R F Q S E Y Q T
N D H G U V U R N V E V I L O A S I
E T A N A R G E M O P K K Z I R C X
O R L A N D O T A N G E L O C K I X
M C G M P P F J Q P O V Y G H O N O
Z X C P I T A Y A D J I O G R M C W
```

OKRA	PAPAYA	PITAYA
OLALLIEBERRY	PASSION FRUIT	PLANTAIN
OLIVE	PAWPAW	PLUM
ORANGE	PEACH	POMEGRANATE
ORANGELO	PEAR	POMERO
ORLANDO TANGELO	PERSIMMON	PRUNE
	PINEAPPLE	

Reportedly Thomas Jefferson's favorite fruit, the oblong-shaped pawpaw turns yellow when ripe and can have dark flecks. It grows in 26 states across the United States, from New York to Nebraska, but is hard to find and exceedingly rare. Its taste is best compared to toasted custard mixed with mango and banana.

Popular Herbs

```
T  S  S  I  R  P  A  P  R  N  R  B  B  Y  J  W  Y  E
N  N  Z  A  L  L  D  R  O  S  L  A  R  T  N  W  E  L
S  S  I  G  G  S  N  G  V  M  S  A  Z  B  G  U  L  I
A  H  L  M  U  E  A  J  M  I  M  P  G  G  O  W  S  M
S  B  Q  K  R  R  L  P  L  E  F  J  D  I  L  L  R  O
Q  P  P  O  R  E  U  Y  S  D  P  P  W  M  H  P  A  M
F  F  E  A  J  C  P  O  K  A  P  O  O  G  R  O  P  A
B  V  T  A  X  S  R  P  Z  W  C  H  I  V  E  S  S  H
S  R  X  A  R  T  S  L  E  B  I  L  M  O  T  M  V  C
G  E  L  B  S  M  G  A  U  P  A  E  F  R  H  Z  I  K
B  U  S  L  K  Y  I  R  R  V  P  A  R  E  Y  T  J  Y
A  I  V  E  T  S  H  N  E  G  E  R  N  G  M  B  B  F
C  I  Q  K  E  B  E  N  T  L  N  D  O  A  E  V  Y  Q
L  E  N  N  E  F  D  I  Y  N  G  O  K  N  X  Y  U  S
I  G  K  E  Q  E  P  A  C  X  W  M  M  O  T  T  B  G
Z  B  B  H  R  H  B  S  I  I  U  A  N  E  K  I  C  E
E  K  A  C  X  M  A  R  J  O  R  A  M  W  L  J  M  R
Q  U  C  B  H  F  A  R  Y  P  Q  D  I  C  I  C  W  N
```

BASIL	LAVENDER	ROSEMARY
BAY LEAF	LEMONGRASS	SAGE
CHAMOMILE	MARJORAM	SPEARMINT
CHIVES	OREGANO	STEVIA
DILL	PARSLEY	TARRAGON
FENNEL	PEPPERMINT	THYME

IBM's AI computer, Watson, has become a bartender. By analyzing the chemical properties of ingredients, it invents new recipes. One such drink is the "Corn in the Coop," which mixes chicken stock with bourbon, apple juice, and ginger, topped off with lemongrass, orange peel, and a slice of grilled chicken.

Tea Cultivars

```
Y O G W F C G G L Q H T Q F H W O G
A P A U C N C A R Q I O X A H B A N
H I H H E O X J A M C N T E A K Z I
U H R F O M A O X I E S G I Z M U R
W O U O P B M B P I U R H X M P H E
J F H O D B O H M M T E O K I Q G S
O E J S Z I Z Z O W N Y I U T N N B
A W Z A O N M M I T I C K F G D O O
Z A V B S F I A X B V T P G M U D O
O W H R Z J Y U S S G Z Q Z D X I H
A L J B I C H A N D I G H A T Y Z P
I T O J A H M Z X P T J O K J U O K
Q N T K A C K U N W M K J J I N I Z
O N R D Y U D C B I M U Z I Q G U U
A L G J O I G L Z I V D I E D U S D
G U T Q P Y W O A Z G N A I X I B P
T U C Y D U W I R R J I O R T L N R
X I J L I M Z F D A O H F Y M A S P
```

BAI HE	FO SHOU	PHOOBSERING
BIXIANGZAO	FUFENG	QING XIN
BOHAO	GAOQIAOZAO	ROUGUI
CHANDIGHAT	HATSUMOMIJI	SAMIDORI
CUI YU	IZUMI	TUGDAH
DONGHUZAO	MAO XIE	YUNGUI

People travel to visit their favorite distilleries and breweries, but in China, tea is getting tourists' attention. The country produces around 35 percent of the world's supply of tea, and in recent years, an increasing number of tourists have been making pilgrimages to its tea-growing centers.

Bridal Bouquet

```
A H V K E Z Y C E E U Z Z K F Z D J
I A Y C B P S H O R W J R H C Y P R
L N E D H V I R M N O Q B A K N S G
H L I P R L A B Z L E B E B F D Y G
A I F V T A D I H H T F E I G E E A
D B N V A E N A E C U P L L Z M X C
U D P M Z N E G M G L A R O L E Q U
Y L F Q I Z C W E Z I E S H W E Z E
B F L A A G Y C S A P X G O S E H J
Z R E D N E V A L A T A Y U O Q R V
L I L Y O F T H E V A L L E Y H W A
B I T T E R S W E E T U M I H A B N
O U B G X E Q N A R C I S S U S N E
L I S I S Q S L A N D L O G I R A M
C H Z M F R B O U R C N J X P Y Z O
Y N O E P N Q N R C A L I L S F Y N
S I J J Y N A C U Z D N Y J E I X E
F P K G C R J A H S Q V K R A Z B T
```

ANEMONE	HYDRANGEA	PEONY
BITTERSWEET	LAVENDER	RANUNCULUS
CONEFLOWER	LILAC	ROSE
DAHLIA	LILY OF THE VALLEY	SWEET PEA
DAISY		TULIP
HELLEBORE	MARIGOLD	ZINNIA
	NARCISSUS	

There have been 17 weddings at the White House. Tricia Nixon, the daughter of President Richard Nixon, was married in the Rose Garden in 1971. Her bouquet contained lilies of the valley, white sweetheart roses, baby's breath, and fern.

```
P A P W W E M A E E Q Z H C M A O M
I I O A M T B X O Q A M T P B R R U
N T P U F F U P R E D W O P I S E M
K T P N P A L U C Y A B Y E D V W R
L E Y A O Q K O H W A T N D U H O E
A S A X R I H O I Y N T I O E H L P
D N N F B J N M D A A W E A I W F S
Y I E X I W R O L L G L W G C E N O
S O M Y P P O P L A T N E I R O O E
S P O V S K R I I A L V Z U T A C T
L L N U D E L L I N T U J N N W E S
I S E Z T Y D O M I C N M D A Y L O
P A E S G B A E B R R U E I A S P W
P X Y U J R R X D Z G X S M R H R Y
E O D H O X E Y E O J T T H A P U B
R A I S O L E C E M U L P W I N P Q
X Q M Z S P O L Y A N T H U S O R Q
Z A X Z K F L O V F G Q O H O R N O
```

ORCHID	OXEYE	POLYANTHUS
ORIENTAL LILY	OYSTER PLANT	POPPY
ORIENTAL POPPY	PINCUSHION	POPPY ANEMONE
ORNAMENTAL ONION	PINK LADY'S SLIPPER	POWDER PUFF
OSTEOSPERMUM	PLUME CELOSIA	PRIMULA
	POINSETTIA	PURPLE CONEFLOWER

Come Christmas, the vibrant red bracts of poinsettias are just about everywhere, from churches and restaurants to department stores and hotels. The plant was named for US Ambassador Joel Roberts Poinsett, the man who brought it to the United States from a trip to Mexico in the 1830s.

Oil-Producing Plants

```
K U I K R S K U S O D T H F F D O D
D U D A E S T U M E K L H O L E I W
R H M S W H N U E L V B Z R A E H D
C U A E G F V S N E A V H X X S C W
F M W K L W E V S A C P K E S N A W
E U Q O V P F H Y K E O M D E I T I
S J W S A X L Y E F P P C D E K S J
T E A R W Z C E T M A P H O D P I A
R M U V X M F U K M P N X O N M P V
V V H N V D N O T Y Q S D A C U K O
Q V E V I L O T E A T R E E N P T C
G K G R A P E S E E D B V E I O T A
I R E W O L F F A S Y K X Z D G F D
K W E R C O R N M O G M U O B A W O
E V O N O F N L S G O A D T J H W Y
E A O L C G M I D L Y B R L V F E H
N B H S A C U Q V K L T H I B X Q U
X D A B G L S T X Q Y I E X Q U J Y
```

AVOCADO	OLIVE	SAFFLOWER
COCONUT	PALM	SESAME
CORN	PEANUT	SOYBEAN
FLAXSEED	PISTACHIO	SUNFLOWER
GRAPESEED	PUMPKIN SEED	TEA TREE
HEMP SEED	RAPESEED	WALNUT

During the growing season, young sunflowers rotate their bright yellow heads during the day to track the sun's movement across the sky. Recent studies show that sunflowers do this to keep bees and other insects happy. They reset overnight, swinging their face back to the east.

Plants with Five Letters #3

```
K O L C A E Y C S S T S S F I L R X
B K R G X F A U G W A T D I D Z G I
N E A I S R T N P F C I O O L W J C
V V Y P X O F X A F C P F Z A H E O
E U U C L A D C G D A A M Z H O Q R
O Q A E T U B M O R U S U R X Y P O
E G L H A K M E L I A J F L U Y M A
K C O N E W T V S H P X E L O B I A
O B F N K S V K A Q K X R I L Y D H
Q K M H A R S K Q M Z E T V A Q T J
D G K E H X Y E E R Y A K L U B J F
O S U Y B E D S R B B H H I M V A Z
A Y N M H P X C G C C A O D W C O C
Z Z L K N L A W P Z C A U S T N L U
K T E I M V Y D C U P K Z P I A X O
L K F L R K F K C I S C F E L E J K
P M Q M E Q Q M U G H Z K Q G V R U
Y T H P J D S M K M O V F R X B L P
```

AGAVE	DANAE	MORUS
APIUM	HAKEA	ORIXA
BOLEX	HALDI	OSIER
BUTEA	LAYIA	STIPA
CRESS	LOTUS	TACCA
	MELIA	

Agave nectar is a natural sweetener—sweeter than honey, though thinner—derived from the agave plant. Agave is an important crop in the Mexican regions of Jalisco, Michoacán, Guanajuato, and Tamaulipas. The juice from the center of the plant is heated and processed to produce a syrup.

Unusual-Looking Fruit

```
D N R M Q A X T A V W E B P T K K N
I U V K I L V D L F A T K T M J S A
C I R C I Z Q N N P J O W V F Y Y C
V N A I X W J K R A G P L Q W J L K
F G O I A B A A H F H A C E D A A E
I T B L P N M N E E T S O G N A M E
N D G Z E B Y Y O R Y K A L Y K V A
G R Q Y U M U T E T P C V H D U N E
E X Y T T L N D H N D A Q X D D N K
R S A D B W B A N H S L P A C D Y X
L N C H V A M J E F N B D O O R U G
I P B Q N O L L I R A M A T L X O B
M E A A J N X J Y U O A H I O S Y D
E F N I L M P A B G D K R X C G W B
Q A L S J A B U T I C A B A Y J R D
S D E S E R T G O U R D K D N O B X
N T L X L I L E V J M W L G T S U X
I N X H E C V B T L D J E R H I H K
```

ACKEE

BLACK SAPOTE

BUDDHA'S HAND

COLOCYNTH

DESERT GOURD

DURIAN

FINGER LIME

GAC

JABUTICABA

KIWANO

KOREAN MELON

MANGOSTEEN

RAMBUTAN

RED BANANA

TAMARILLO

The finger lime is an unusual citrus fruit that grows in Australia's rainforests. The limes are pickle-shaped, full of caviar-like beads of juice, and immune to citrus greening.

```
F C U R P N Y W M Z X K J S P Q Z R
W A P W A P O M E L O M U O S B Y A
A S D P P H U I C P N E I A S U P E
A D V F E O C G P N U S T Z D A F P
D R L H R K H A U I O M J F R A U U
E V S J M D F A E N S D P A T S P R
P C T A U X M P W P U T S W A O P P
A S U U L G U O J J R O A T O R F L
P M U L B C O C D E L L J C A O X E
Y J B W E D U W P T R I O C H F D H
A P F U R V B P R A L P O P Q I G E
B H A V R G E E L K F D I C P W O A
N C W P Y P E V C V O T A Y L O V R
O F N M A S U M H P P I N E U E B T
A R L P Y Y W U M D M J B H M G X B
N A W W O I A J U N S A T D V I H P
P Q G Q K Q Q Z Y P K L L D O E I J
P A L O V E R D E Q O Y J Q F L Q X
```

PADAUK	PARASOL TREE	PLUM
PALM	PAWPAW	PODOCARP
PALO VERDE	PEACH	POISONWOOD
PAPAYA	PEAR	POMELO
PAPEDA	PEPPER	POPLAR
PAPER MULBERRY	PINE	PUMPWOOD
	PISTACHIO	PURPLEHEART

In a paper published in 2020, scientists at the Japan Advanced Institute of Science and Technology showed that specially designed soap bubbles can deliver grains of pollen to flowering fruit trees. In a pear orchard, the bubbles were just as effective as hand-pollination.

Boys' Names from Flowers, Plants, and Trees

```
A V G I B B K D A T N E R Y T R P T
G A I M A Z E X Y S E A Z O I S T I
B R R S A R C K U N A L I H R K O M
J T I O A M A T Y B O H A R X E C O
N L L J N O J L J E T Z H R O Y N T
V I O A D I Y A T P E C V B K L J H
G Z D Q U B C U Q V Z O D P S X F Y
Y C V W D R Z I H X N V G O T A N Y
C Y Y D W O E I J R H O S L Q O X C
T N E R O L F N E B B K S I T B M Z
N M W K L B L E C N B Y T V V W A F
B A P O H S D I O E O Z B E U H I Y
Z S X G S U G L W U D S T R M M L T
U H C O S M O I H T N I T H L W L X
L B G A W R K D F J O F G A M T I F
L N P X E P U A S M F B I I W A W P
Y O B U N H U E U F P W R M B I T C
Z S O I W P U Y Q H T O R Q W H N Z
```

AARON	JACEK	REED
ASH	JARED	REN
BASIL	KUNAL	TIMOTHY
COSMO	LAURENCE	WATSON
FLORENT	OLIVER	WILLIAM
FLORIAN	OREN	ZAHIR

Jared's peppergrass is a plant in the mustard family native to the San Joaquin Valley in California. Its range is limited, so it is of concern to conservationists. It is the host plant to six butterfly and moths, including the checkered white and pearly marble.

Popular Spices

```
K N D I C S P L F C N P O P C I E E
A A O Z V A C E N I A S K E L O W N
K V B F P A N N O N W K A P O L Z M
R L L R R U C C Q N C J D P V T I W
M T I A G C H H A A M A Y E E U Y W
Z K W R H I U G E M T U N R W R D Q
A A E M L Z U M S O J Y M C M M E L
Y E Z I R U E Q I N R W S O B E E S
K C A R D A M O M N G L N R Q R S Y
A L L I N A V D E S X I N N P I Y Y
M U S T A R D I N S A K N T L C R O
V U Y M W G I O J H I G J G W H E I
O Z B A L S R R X Q D N S V E Z L G
T K T C K F K V Q Z W I A B E R E R
C F R E F Z B G A H I X A R L S C J
J D E A A D J C C V D W P Z A U H X
D Y S S L K W R B B Q R W B V T O W
S N E U J U M L Y N H S G G F X S U
```

CARAWAY CUMIN PAPRIKA
CARDAMOM FENUGREEK PEPPERCORN
CELERY SEED GINGER SAFFRON
CHILI MACE STAR ANISE
CINNAMON MUSTARD TURMERIC
CLOVE NUTMEG VANILLA

About 5 to 7 pounds of green vanilla beans are needed to produce one pound of processed vanilla—yet another reason why vanilla is one of the most expensive spices in the world, second only to saffron. Nearly all of the vanilla produced commercially today is hand-pollinated.

Christmas Flowers and Plants

```
P T R N H B J V S A O S S E E C E E
H C P E I O V E U P I D R B N H N O
A E T M D X L F J L L O N R O R I V
L E Q A B R N L L O B D O C C I P P
A N U L S I O Y Y E Z S J B E S K P
E Y S C X V R S L U E H V N N T L S
N Y U Y Z A C L E M N Q P S I M O Y
O U Y C M V E X A S G O U X P A F W
P M O A T H R R Z E I G T N D S R O
S H C H L B Y H J N O K Z O X C O T
I V M B S Q P I S X E T S V R A N E
S E T I H W R E P A P D E I N C O C
O L X X L R T A Z A L E A L S T X P
R R Q A N T H U R I U M A V T U Z P
C Y M B I D I U M O R C H I D S P S
H F N A L I I D M R U P J J F T I S
I Z Z D P S K H Y K H Z P X R F C M
D E L K C U S Y E N O H R E T N I W
```

AMARYLLIS	CYMBIDIUM ORCHID	PHALAENOPSIS ORCHID
ANTHURIUM		
AZALEA	HELLEBORE	PINE CONE
CHRISTMAS CACTUS	HOLLY	POINSETTIA
	MISTLETOE	RED ROSE
CROTON	NORFOLK PINE	ROSEMARY
CYCLAMEN	PAPERWHITE	WINTER HONEYSUCKLE

The English word for mistletoe is derived from a defunct Anglo-Saxon dialect. Apparently, having noticed that mistletoe often sprouts from bird droppings on tree branches, the words for dung—"mistel"—and twig— "tan"— were conjoined, and the mash-up "misteltan" evolved over time into "mistletoe."

```
V E P W G L H T W I L D R O S E T C
F X O A E O E S C Z M Z H R H D O E
I W P B P L L X U A R B Q Q F L Z S
F H P I O U Z D Y R I K H I U R A O
L I Y I R R F F E N B I Q M S T E R
E T V B I I L G J N I E B K H J F E
A E F Z V O S D O P R I G B V R U E
S P D D W E H V N U N O E A S D T K
E I P E L K E Z U E P L D F S R G O
G N R L M O S S O L B H C A E P D R
O E O S E N R O H T W A H X P O B E
L C S F L B M Y P E A F X T O G X H
I O E F M K L K F K I L T W E U A C
L N B Z U A B O L A Z S G A D Y U L
Y E E O H B V I S R S O N C P Y L A
J E S S A M I N E S D N A C T R I V
N V P E N O M P N Y O O O U S Q O V
S H E K H P Z S V J F M J Y N K J N
```

APPLE BLOSSOM	IRIS	SEGO LILY
CHEROKEE ROSE	JESSAMINE	VIOLET
COLUMBINE	MAYFLOWER	WHITE PINE CONE
DOGWOOD	PEACH BLOSSOM	WILD ROSE
GOLDENROD	POPPY	YUCCA
HAWTHORN	SAGEBRUSH	

A lot of Californians know that their state flower is the California poppy and their tree is the California redwood. Fewer know that the state grass is purple needlegrass or that the state rock is serpentine. There's even a state soil: San Joaquin soil.

Trees Starting with "Q" and "R"

```
T V D Y A R R J M Q E E D F V L Z A
Q O T T R N O E R A M I N A W O R B
F P A H E B H S D D K X V Z T Y X H
A R U T D F E N E W M N Y O C Z Z V
Y I K O B T Y Z R M O N I D F G U R
N B F W U L U O O R A O T N M F Y M
P M O F D S S I D Y Z L D P S K L O
O N N I A E P N I Z U X L N S A R C
M E J J W R E N R N E L Y O P R H G
R W C O S D R E V I U Q I L W I V X
P R O I O X C Z U Q O G A U A M L L
T D I D H F E R E H F Y G E R U A W
Y W O V P E U H W Z O V O D W R H M
R H W U H K Q Y A R T Q Z O H E M J
R H T G P Q U E E N P A L M F B O G
R O Y A L P O I N C I A N A C B X D
K R E A L F A N P A L M N L T U F I
N V Z U T I Z B R D D P S T A R G G
```

QUEEN PALM	REDBUD	ROWAN
QUIVER	REDWOOD	ROYAL PALM
RAFFIA	RHODODENDRON	POINCIANA
RAMIN	RIMU	ROYAL POINCIANA
RATA	ROSE MALLOW	
REAL FAN PALM	ROSEWOOD	RUBBER

In California in 2022, 523 acres of redwood forest were returned to a group of Native American tribes whose ancestors were forcibly removed from the land generations ago. Settlers extensively logged redwoods, which tribes consider to be relatives and sacred beings.

```
N S Y T P B Z W A R O C T Z I K G S
A W I L A L L I U M X R O N Z F W H
R O Q L I C Z U B Q A I L Y K J M M
C O U L L A D I R L N L M W P U I
I D E K J Y E P A N I U A I W R Y Y
S S S D N A R I Z F S M H R T N E F
S O F Z F F C A R X S D S S H O D D
U R H P X F Q H M I B H A D Y I M G
S R D C L T W G J A A E Y Q A N U H
L E U H T O O L X P P R Q J C O M C
L L T G A R L I C P I A P J I I H P
J C C B G H A A I J Y L Z X N I L I
D Z H Q N I I H O D D B U I T A U P
Y L I L T U O R T K D I C T H P X W
C H R J A C K I N T H E P U L P I T
G Y I E T K D E M Y L W G P Y P D A
Y L S S I R I N E D R A G K C O R J
V D A Y K R Z N J L B R Y P W X S D
```

ALLIUM

AMARYLLIS

CRINUM

DUTCH IRIS

GARLIC

HIPPEASTRUM

HYACINTH

JACK-IN-THE-PULPIT

LEEK

NARCISSUS

ONION

OXALIS

PRAIRIE LILY

ROCK GARDEN IRIS

SHALLOT

TROUT LILY

TULIP

WOOD SORREL

Asia's largest tulip garden is in Srinagar in the Kashmir Valley of India and boasts 1.5 million bulbs. Formerly known as Siraj Bagh, the Indira Gandhi Memorial Tulip Garden has gotten rave reviews since it opened to the public in 2008.

Types of Ferns

```
H D C N O T T U B N O M E L I E A J
D C U R L A L P I N E W O O D U O A
J T I L E I C O I K M C H E T G O P
R W A R L S G C S P R A G U O N G A
Q Z U U T L T E H S Q O M L N O H N
V V E R R S N E I C O N D M N T U E
S A N O T S O B D R A E P R V S Y S
S S Y M I I F F A B N S O R P T D E
I A P T M O N G C Z U H N E K R A P
L M I E H U N T E P G C Z V Y A L A
H V C L J A X B E A H K K O L H R I
E A L K K E R V T R R G C L O F E N
K W L A E A P S J L R G V C E G V T
P D E T N E C S Y A H U A R V R L E
S D G K D K B Z V Q X W P E O Q I D
M A I D E N H A I R Q J Y T X R S D
T O O F S T I B B A R L Q A E C I N
P U C N A I N A M S A T D W I D V O
```

ALPINE WOOD	INTERRUPTED	ROYAL
AUTUMN	JAPANESE	SENSITIVE
BOSTON	PAINTED	SILVER LADY
CRESTED	KANGAROO	STAGHORN
BUCKLER	LEMON BUTTON	TASMANIAN
GOLDEN ZEBRA	MAIDENHAIR	CUP
HART'S TONGUE	OSTRICH	WATER CLOVER
HAY-SCENTED	RABBIT'S FOOT	

Ferns are one of the few edible plants known to cause cancer in animals. In the 1800s, maidenhair ferns were commonly used in France in medical syrups to treat lung problems, but the inventor of one such concoction died of stomach cancer at the age of 57. Was it a coincidence, or was it the ferns?

```
V C Z E U E M U Q G E A F L C A K E
L S C C S X P A M O C T T P P B D F
B E M A N B L B H N X I I A S Y E C
H U K E N K D E R Z O Z N H E F F Z
F U E A I N O G B A U L H J W M J M
O R A V L G O D K L L E S X V S G J
G V H E C E C N Y E B R Z F A Y A K
B O K C H O Y Y B S F A Z V U N R O
O E I D W N Y K P A P P O T U A V H
E S E U G U T R O P L Y G A D W P L
R E W O L F I L U A C L R I D D V R
M O U Q J N P Y C W U Y C E A M E A
R R V C Q H R D V U K C A G T P F B
B O X F X D N Y B I H K N K U C H I
K A W U D X L U N I S P Q P S Y S S
M W Q A G F L G O I D W B N C H R W
B R U S S E L S S P R O U T A U P Y
D A N I S H B A L L H E A D N X N R
```

BOK CHOY	GONZALES	PORTUGUESE
BRUSSELS SPROUT	GREEN	RADICCHIO
	JANUARY KING	RED
CANNONBALL	KALE	SAVOY
CAULIFLOWER	KOHLRABI	TUSCAN
DANISH BALLHEAD	NAPA	WHITE
	PAREL	

While corned beef, potatoes, and cabbage are associated with Saint Patrick's Day, this was also the menu for Abraham Lincoln's first inaugural luncheon on March 4, 1861.

Tillandsia (Air Plants)

```
T W Y K C A C Y A R A R U B R A I Y
V R H S M Z W A D H F N S B K J R A
J B C I C D U E P N T Q A W K H H E
V L X H Y A T F V U A N Y E A U D N
P A P Q W A P V L Q T C A X R Q E A
M V D F T E E O G J Y M N N L D T Y
I R E N D R A G S G W E E O O B N C
E B U C S M C Q Y A D W Q D T I M A
C A P I T A T A P E A C H S U T E K
F S O A O A H G S U M G Z H I S O G
U T Z S P E N S O H T N A R E A A C
N R R O H C S E D I O E N S U D C E
C I H B J N X E R O G R A P H I C A
K C C L B U C V H E E R F V A I Y U
I T H U C J H I F J L T Q U X T L W
A A R B S I S N E P A I H C E I E V
N S T D I D I S T I C H A M M G I J
A F K Z H L Q F Z I I I V X B Y O T
```

AERANTHOS	CYANEA	MAXIMA
ANDREANA	DIDISTICHA	RUBRA
BULBOSA	FUEGO	SCAPOSA
CAPITATA PEACH	FUNCKIANA	STRICTA
CAPUT MEDUSAE	GARDNERI	USNEOIDES
CHIAPENSIS	IONANTHA	XEROGRAPHICA
COTTON CANDY	JUNCEA	

Despite belonging to the cactus family Cactaceae, the moonflower has a stem that looks like large, flat leaves, which snake themselves around host plants such as trees. Moonflowers use this tactic to avoid the Amazon rainforest's seasonal flooding. Other examples of epiphytic plants are orchids and tillandsias, also known as air plants.

Flowers Starting with "Q" and "R"

```
Q M Y L Q B V J Q A E Q I Q R O S E
Y U R L L J F D I U U Z U G R M K R
W U E D I X L T U A E E H U Z D T O
R Q H E P L E I K L E E D W A E V S
T B W X N L N E A N Y B N E E F B E
A X Z P E O R I A E E L G S Q F L O
R B Y D N L F N A C N Z H E C O I F
S G N J A T N T K R I F N C O U G S
C O K D D E Z I H V T N A N Z Q P H
R J I D S E A Y H E K Y J I V C D A
D E O L H Y D Z W C M U H U L M X R
S I A R O C K R O S E E W Q N M M O
Y C N H S U L U C N U N A R L Q K N
E O G X X N Z Z F Y R Y Y D M V L F
J M Y Z Y R L C L Q F P N Z O N D O
W D J V P R G R J K P T O W I W I J
E S E N L T S M C C V R S O E N N U
T D J W W S L F Y E F P L X B B A T
```

QUAKER LADIES	QUINCE	ROSE
QUEEN ANNE'S LACE	RAIN LILY	ROSE OF SHARON
QUEEN OF THE MEADOW	RANUNCULUS	RUDBECKIA
	ROCK ROSE	
QUEEN'S CUP	RONDELETIA	

One of the large areas for activity in plant patents is roses. In 2016, the United States Patent and Trademark Office granted 80 plant patents for new and distinct roses, and since the 1930s, the office has issued nearly 6,000 plant patents overall.

Pink Flowers

```
R O R W E H K F H P E R R P O M X C
A E G O F S I I H B E L A O J A J O
M I W N S R O L S W D H Z P W R M R
V R R O E E O R O F D C B P K S J A
F J R W L X M L P E T H A Y Q H J L
S B E T I F F I C M L S X M D V H B
R E Q G G E V L W A P B A E E S E
D S Q M M N M N A K I W P L E T U R
H H L A U U D F O Y W H S L W C B R
Z O F E D G R O E C D E L O E H E Y
P R A I R I E S M O K E E W Y L L B
S I L A D Y R O C E L A P D P I P D
T N A L P T N E I D E B O J E N E W
G E R M A N D E R B R V P F O G E K
K N I P N I A T N U O M B Y J X T T
M O S S C A M P I O N K H O E X S S
O L K F X D E H S G D O Q B H Z F B
Y X P T F O F O X G L O V E U M F B
```

CONEFLOWER	JOE PYE WEED	PHLOX
CORALBERRY	MARSH VETCHLING	POPPY MALLOW
FAME FLOWER	MOSS CAMPION	PRAIRIE SMOKE
FIREWEED	MOUNTAIN PINK	ROSE MILKWEED
FOXGLOVE	OBEDIENT PLANT	STEEPLEBUSH
GERMANDER	PALE CORYDALIS	SWAMP ROSE

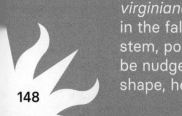

Obedient plant or false dragonhead (*Physostegia virginiana*) is a native of North America. It blooms in the fall with the flower petals climbing the central stem, poking out in all four directions. Its petals can be nudged in different directions and will hold the shape, hence its name.

```
S L S N G P B Z A X K K C H C N C C
U R E T Z N I I R C B O O W Z D T H
S S G N R F T Z O F M U M H U L R I
T A R V N N C L D M E P A Y U H J N
E O U Q A E M H O P S O G Q W H Z E
X L B R F E F N I H E N B A N E U S
N P T A H O D G R L M W A S M T G E
K S X U C O T S A J I H A B B O N L
A T Q R D C C A Y A Z P Q C Y M E A
H X U D P H O J T E Z B E Z Z A S N
Z B E I V T H A K O W K Y P R T N T
A R U H K N E Z G G P K B B P O I E
Y Y R O L G G N I N R O M R S E G R
U Q R D K B T H O R N A P P L E R N
W B I N D W E E D W L K M M F S R Y
A D G R Q K G I P D E B M I Y F Z J
Y L L O H N O M M O C Q W R Y P V H
I Q K K D A Q A G P Y B J T F K O O
```

ASTRANTIA

BINDWEED

CHILI PEPPER

CHINESE LANTERN

COMMON DODDER

COMMON HOLLY

FENNEL

GINSENG

HEMLOCK

HENBANE

KOHUHU

MORNING GLORY

POTATO

THORN-APPLE

TOBACCO

TOMATO

Potatoes have a complex history. Originating in the Andes Mountains where they continue to thrive in dizzying variety, potatoes saved millions from starvation and fueled European expansion. They also gave rise to modern monoculture agriculture and the development of pesticides.

Garden Pests

```
T P C V J W L K S O H W Y C C Q T A
B O G U I W A A G I F T Z A Z B O I
W T W F C N C G U M Z W E B W H M O
E A Y P A U E G H Q I R O B R S A E
U T H F P A M W K R D K Y A Q K T G
E O A G H W L B E B L I K G T U O U
F B E J I C Y W E E V J E E C K H B
R E T H D P O R L R V I M M E O O K
X E E N G R V E Y T B I V O S W R N
M T O Z M E A G U L S E L T N V N I
M L L S U F G Z B W U B E H I H W T
O E N G M W H I T E F L Y T E Z O S
J M A I C U T W O R M C M A L W R N
H T N L E T I M R E D I P S A E M A
D E H B Y S Q U A S H B U G C X J I
R P T R K B T G M N E I J V S K K L
Z Z D F I P U E W X U K Y D J A K C
F N O X B P X G G G F M K Z U H T A
```

APHID	POTATO BEETLE	STINK BUG
CABBAGE MOTH	SCALE INSECT	THRIP
CUCUMBER BEETLE	SLUG	TOMATO HORNWORM
CUTWORM	SNAIL	VINE WEEVIL
LEAF MINER	SPIDER MITE	WHITEFLY
MEALYBUG	SQUASH BUG	WIREWORM

Named for their eating habits as larvae, leaf miner caterpillars tunnel between the top and bottom layers of leaves, "mining" them. As the larvae eat their host plants from the inside, they create squiggly brown tunnels filled with poop, or frass, scrawled across the leaves.

```
B Q A M H Z W T H R B U J U Y I U P
T Y L E J L H H L E R D F L M Z D A
Y N L X C E M T T W A A B P E W A N
Y N G I G M X P L R E R E R F S N U
Y Z K C Z O W O H L D R T H L Q A F
R U Z A D N C G K S I R I L L V X M
X W I N R L G A O A Z P Q U E I Z U
L R R U Z I O V L L I S A R B A C N
M I A M B M R G L E I Q U C W O F A
I U Q M S E R I X Z J K C H N G T I
Y S S U E E Z M I C A N S A F U X T
I Z W O E L M N Q H M O P S B R R R
B Z T N I A R I Q U K M O T C V D A
D I R L J R H U R O A A Q A T Y M M
N V R E B C O E B Y F P G T L B X Z
F R S K Y Z C L O H M I S U H Q Q T
A T B E I A R I G N E R N M Z W M N
Y O G Q L N E A L E I Z A R G D C Y
```

BIRKIN	HEARTLEAF	MARTIANUM
BRASIL	IMPERIAL GREEN	MAYOI
BURLE MARX		MEXICANUM
GLORIOSUM	LACERUM	MICANS
GRAZIELAE	LEMON LIME	OAKLEAF
HASTATUM	MAJESTY	XANADU

In Greek, "philo" means "to love" and "dendron" means "tree." It's not surprising then that philodendrons have become beloved houseplants. Some of them, like the birkin, grow on host trees in the rainforests of South America, much like air plants.

Fruits Starting with "Q" and "Z"

```
O K A N Q W R P A U E I Y K Q Q Z U
X H E R J G D K T E X M U Z C T U E
X S B Q U E R I N A A P L E S C D
C D I K W F V N Y U U L M H Y N C S
U R R A F Q K Z E K Y V E R I H H S
Q U A N D O N G Z G G P R U A M I V
C D R A P E N E U Q H E Q T I B N K
Z J A B R C Q L X C H C G D I K I A
C H U F E X D L A C B N S M I K E L
Q R Q N B D J R E Q A Z I T P Q H A
R H Q G X I O N Q W H M W T E P A Z
F Z E E T M N Q Z C X X Z V J W J L
X X Y X A A Z I G Z A G V I N E Z A
H Y N Z N X G Q Q V O K P R I K Y Z
Y R R E B W A R T S T L U A N I U Q
O A E W H Z I Z I P H U S T F C P M
Z U K A L Z M Q B Z H J W R K S V D
Q E P A R G L E D N A F N I Z B E W
```

QUANDONG	QUINAULT STRAWBERRY	ZINFANDEL GRAPE
QUARARIBEA	QUINCE	ZIZIPHUS
QUEEN ANNE CHERRY	ZALZALAK	ZUCCHINI
QUENEPA	ZARZAMORA	ZWANGTAH
QUERINA APPLE	ZHE	ZWETSCHGEN
	ZIGZAG VINE	

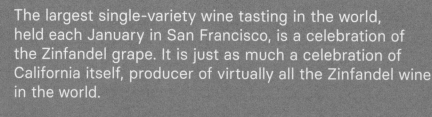

The largest single-variety wine tasting in the world, held each January in San Francisco, is a celebration of the Zinfandel grape. It is just as much a celebration of California itself, producer of virtually all the Zinfandel wine in the world.

Dendrobium Orchids

```
B O S R S N V C Y E C I T L I M Z B
R E H U I F R Q S J A Q A O E Q M B
K L L H P U W N D X P Q U D Z U X I
E I F L E E U E W M I Y R D T K R S
M P N N A O R S Y L T I I I E N B W
W U T G K T R B Q O U I N G U I G P
J U N E I E U G U T L R U E H Z Q L
M V H I J A L L G M I U M S C H K I
L Z Y L R B N Z U K F O J I S H W W
U M S C P E S U S M L C Z I F P M A
L Q K C O G M N M K O A S L H A K H
J P S N E H J U B J R L I P R F J J
G H Q O Z W S S C H U E N E B A X P
I I D N A R E I P U M D E P K X A G
E Z Q M I B T M Y G C K N N H Z E N
M U T A N E M U R C D M S J W T V P
J E N K E N S I I W T S E M P L T T
J V Z S H I X I N G E N S E G R T I
```

BELLATULUM

CAPITULIFLORUM

CRUENTUM

CRUMENATUM

CUCUMERINUM

DELACOURII

HEKOUNSE

JENKENSII

KINGIANUM

LODDIGESII

MAREE

PIERANDII

SCHUETZEI

SHIXINGENSE

SINENSE

SUPERBUM

TAURINUM

Orchids trick animals into pollinating them and usually give nothing in exchange. Some orchid species mimic nectar-producing flowers to lure bees. In China, *Dendrobium sinense* orchids release a chemical normally broadcast by bees in distress. The scent attracts bee-eating hornets expecting an easy meal.

Mosses

```
H G T A Y M K S G U H K N H K Z C N
Z A J A O Y P Q H L H R B E C M G S
G R I O M H V A X Z E U N A E C R I
A V D R A A T H C F O R N T N K N L
S Q C G C P R Z N K O L J H E N D K
M S N A P A B I H O C G U S S O Z Y
T U X N C B P W S N D O M T O I F F
M F V Q C O K E K K V O R A O H T O
E E R T N A C I R E M A T R G S E R
D A D E V A E L N O O P S A E U E K
S W A N S N E C K T H Y M E R C H L
O Z R W E A A V H Y V H D T A E S E
G L I T T E R I N G W O O D U M C T
T W O Y P G O B D E B B I R Q Z M B
Y Q V V K Z H H X N Y A M A S I L L
W Y T B K S G A X N Z I V I F H A R
A G S H I N Y S E D U C T I V E L I
D I W J R J G R D Z C M R T N W Y C
```

AMERICAN TREE
CERATODON
CUSHION
FERN
GLITTERING WOOD
HAIRCAP

HEATH STAR
MOOD
RIBBED BOG
ROCK CAP
SEDUCTIVE
SHEET
SHINY
SILKY FORKLET

SPHAGNUM
SPOON-LEAVED
SQUARE GOOSENECK
SWAN'S-NECK THYME
TAMARISK

As World War I began, field medics prevented infection by stuffing soldiers' wounds with moss. Also known as sphagnum, peat moss thrives in cold, damp climates like those of the British Isles and northern Germany. Humans have used it for at least 1,000 years to help heal injuries.

Carnivorous Plants

```
B A D H N D A A E G I A M B B B I S
U H N N F V N T B M L P L E R E G N
T C O D O Q J M O U I A Z O W D P T
T A Q V R X E N C T D Z C E U U E P
E K G I F H K I C D G H R U R B I O
R H Q G H E U H E Y I C I P T P P W
W W V A Y G E R L N S O L F O M M D
O Q E C N R W I I K I E T M B A X E
R Q U I P O L A R B P P Q N X F G R
T P P L R A R O N I C K Y D I C K Y
S O A T R E C S T R C M E W Z S S S
R N S B D Z M C B S X A X O E G U T
T W O U O Q H U W L N O M D D D N R
V C C I I E A Z I S I L B Y B M D A
Y T J K R W L E E H W R E T A W E P
A M U L L Y H P O Y H P I R T F W M
R E H C T I P A I N R O F I L A C F
V H V E N U S F L Y T R A P O T W U
```

BLADDERWORT	CORKSCREW	POWDERY STRAP
BUTTERWORT	DEWY PINE	PURPLE PITCHER
BYBLIS	MONKEY CUP	SUNDEW
CALIFORNIA PITCHER	NICKY DICKY	TRIPHYOPHYLLUM
	PINGUICULA	VENUS FLYTRAP
COBRA LILY	PITCHER PLANT	WATERWHEEL

The Venus flytrap grows in the wild only in the wet pine savannas of the Carolinas. Despite its name, the flytrap catches more ants, beetles, and other crawling things than flies. They have even been filmed catching young frogs.

Fruits Starting with "R"

```
P J I Z T C E A I N I L L O R R E P
Q Z L T W L V L J M B F T D R A L Q
E E H J B H O P P K E F E S N S Z R
R A M O N T C H I P J F G M O P R Y
A N A N A B D E R Q A J V T P B O R
Z E Y R U V O I F K W A C G P E C R
R V L A I P N I S I A R K R K R H E
V A B P B B I R V O Y A A J R R A B
P J N T P C E N V R L S V O A Y P E
H I G G X A A R R K P E C E Z R E L
Z Y H T P T H E R U B K I E R G A K
W S U E U U B S R Y M N A I M X R C
D K D B S L R I U E W K B W G X A U
U E M R U O M L L B R M M L C N B H
O A H M Y A R O I K D I A Z Z T A D
R M D Y N C N H P M F E R U C Q D E
K E R G Z E Y S A Z E N R V B X S R
R M O R H O B S E L A R S A W D N Z
```

ROCKMELON

RAISIN

RAJKA APPLE

RAMBAI

RAMBUTAN

RAMONTCHI

RANGPUR LIME

RASPBERRY

RASPURI MANGO

RED BANANA

RED BUSH APPLE

RED HUCKLEBERRY

RED MULBERRY

RHOBS ELARSA

RIBERRY

ROCHA PEAR

ROLLINIA

ROSE HIP

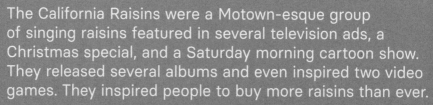

The California Raisins were a Motown-esque group of singing raisins featured in several television ads, a Christmas special, and a Saturday morning cartoon show. They released several albums and even inspired two video games. They inspired people to buy more raisins than ever.

```
D  I  F  I  T  A  N  N  I  P  D  C  V  R  X  H  L  J
E  Y  C  U  V  G  L  O  X  S  V  E  B  A  X  I  O  Q
B  T  V  A  Z  B  A  D  O  Q  V  T  N  R  E  Z  B  P
I  B  A  U  S  E  R  R  A  T  E  S  E  T  X  B  A  O
P  D  Z  T  G  H  E  Y  J  V  C  Z  T  R  A  L  T  F
A  W  E  D  I  T  Q  D  A  A  R  W  A  A  Y  L  E  T
R  T  Q  B  A  G  J  Y  L  L  S  J  L  D  B  C  E  C
T  E  C  D  B  L  I  L  A  L  Q  N  U  S  P  D  S  E
I  T  E  Q  B  E  O  D  J  I  K  L  D  P  G  Z  Y  S
T  P  F  G  W  P  W  O  A  K  Z  J  N  T  Y  J  H  I
E  R  N  S  E  Q  E  O  J  Y  K  X  U  A  Q  K  K  T
L  E  C  D  Y  T  I  S  E  T  A  M  L  A  P  A  M  A
N  Z  O  I  A  V  T  C  E  S  I  T  A  M  L  A  P  N
G  H  C  U  P  A  L  M  A  T  I  L  O  B  A  T  E  N
D  G  N  T  R  I  P  I  N  N  A  T  I  S  E  C  T  I
M  I  N  A  K  C  P  A  L  M  I  N  E  R  V  I  A  P
S  A  I  V  R  E  N  I  N  N  E  P  L  M  P  R  Z  I
X  O  S  S  Y  V  W  P  P  B  C  H  K  T  W  Z  Z  B
```

BIPARTITE	PALMATILOBATE	SCALLOPED
BIPINNATISECT	PALMATISECT	SERRATE
DENTALE	PALMINERVIA	SINUATE
DIGITATE	PEDATE	TRIPINNATISECT
LOBATE	PENNINERVIA	UNDULATE
PALMATE	PINNATIFID	WEBBED

For years, people in Eastern Europe's Balkan region have known that kidney bean leaves trap bedbugs, sort of like a natural flypaper. In the past, those suffering from infestations would scatter the leaves on the floor surrounding their bed, then collect the bedbug-laden greenery in the morning and destroy it.

Grape-Producing Countries

```
E E O H T O M X H E S A G R Z E N S
E C N A R F T N X O O E Z L Q Z F E
G H M M Q Z L L U T R W Q F Z P V T
T U R K E Y N T R M T O J A T R H A
U I U S L I H Y A J D B H I U T N T
F J F F A A R N S A Y S X D D A G S
K B Q P F B Y C N B N Z F N R Q R D
F O S R R J C U O I P I L I Y V Q E
T R I A R U H H V Z R C T F V O P T
O C Z U T Z S A I O N S K N E Z E I
A I L A R T S U A L O N E G E A R N
L N C O X R O A Z R E L Y J N G U U
X E I U B G C I I P U P U Z Q B R L
N A E H E T P P U N T U K B R F B A
Z E B H C P N Y E C A I W M W P W V
I T A L Y Z Z Z A M Y M K K F Z P G
N A T S I K E B Z U K K O N M L J S
O O H M F C X N A H K Y D R A X U E
```

ARGENTINA	FRANCE	ROMANIA
AUSTRALIA	GERMANY	SOUTH AFRICA
BRAZIL	INDIA	SPAIN
CHILE	IRAN	TURKEY
CHINA	ITALY	UNITED STATES
EGYPT	PERU	UZBEKISTAN

Northern California's wine country encompasses four counties: Napa, Sonoma, Mendocino, and Lake. The climate of the region is perfect for growing grapes, thanks to long, warm days that are both sunny and dry, combined with cool breezes, ocean fog at night, and temperature swings of 40 degrees or more in a single day.

Nightshades

```
Z M F U E V U G O Y P L L D O J A G
N I R H R N D N N L E A O Z V A H O
R F B E C U A N J K O C P R H X D J
U R F O Z T R B A D H P O R P Y N I
B X N I V V B R N R Z H T Q I M A B
O T A M O T D R E E N M A U F K G E
L O W M T N A T O P H I T S Q W A R
A C N I A V N D U W P K O W O H W R
F F A M T A D E M K I E P Y F A H Y
F X W C L H O E S A N L P T I J S F
U V L P P A A W J Q W D L I J I A Q
B H G O E W D N P U M R A I L J C O
X G N L T X J O I I S I P Z A I F N
E X D O U M B S Q A A L E G D W H C
F J L R N M V M L T T O B A C C O C
J I K Z I U I I B E L L A D O N N A
L K F Z A D R J B R U N F E L S I A
N R E T N A L E S E N I H C R U S V
```

ASHWAGANDHA

BELLADONNA

BROWILLIA

BRUNFELSIA

BUFFALO BUR

CHILI PEPPER

CHINESE LANTERN

EGGPLANT

GOJI BERRY

HENBANE

JIMSON WEED

MANDRAKE

PAPRIKA

PETUNIA

POTATO

TOBACCO

TOMATO

WITHANIA

"Nightshade" describes more than 2,800 species in the family Solanaceae. Eggplants, tomatoes, and some berries are common members of the family, and many of them contain highly toxic alkaloids. Prevent solanine poisoning by storing potatoes in a cool, dark place and removing the skin before eating.

Sumatran Rainforest Plants

```
B H I Q J B C P P A J G L M R O C B
U A G N E T U M R T Q Z K Q L E N L
X L U U Q M G C O H R R Z J P X A E
A Z T H Q R S R S Y Y N Z H R F M C
C S M M I R F R A R U A A O X Y P H
E W B U C N X O P I Y L L F R O M N
A D E R X A I U T U O I B M D U E O
E I Q A G W Z A I M M A E O I R M P
U J U N C A C E A E L C C N H Y C S
G F Y A F N T N D I O A E A W I A I
I P F T A J E A H D R L G Z C X F S
L O P I Y S V P I P P B C X V F M O
L R P T F A O A U S H J M I B F Y I
E L P V L S X S A A I S E L F F A R
S T K L L E M M A R G O X O L M J O
J Y I A S I T I M M A R G O E R O U
D A D R A G U L G P Z G Z R Z L V J
N S I U A K Y X J P K B A Q I F S Z
```

ALSOPHILA	CEPHALOMANES	OREOGRAMMITIS
ASPLENIUM	DAVALLIA	PODOCARPUS
ATHYRIUM	GNETUM	PROSAPTIA
BAUHINIA	JUNCACEAE	RAFFLESIA
BLECHNOPSIS	LOXOGRAMME	SELLIGUEA
BUXACEAE	MYRMECODIA	TITAN ARUM

A study of pollen samples extracted from tropical forests in Southeast Asia suggests humans have shaped these landscapes for thousands of years. Researchers have found signs of imported seeds, plants cultivated for food, and land clearing as early as 11,000 years ago—around the end of the last Ice Age.

```
S F S E R G J M J S E O A M N S O S
E A D O D C L Z T E T D S A F O U E
M C R P R A N R C T X N V E X Q I R
E V L F P R A D E V P U P B A I Y V
S V I O A W E M J L A J E A I L S I
M P G X B S L L S U M A C E L Q A C
W A I E Z A S M Z Z R C U S U W U E
S X R N P L R A K O D U R Y E U S B
S R Y W D Y L U S N B Z P M A A A E
Y Y A S I L V E R O A K S K M J G R
O S C Y W F E E B S T O P P E R E R
V B N A V E M N W R P S Z J F J S Y
O K O Y M T E P M D E S M F D S O X
R J O P D O I T Q H I V B J W A Q H
Y Y A T O C R I G F W L L O S P E S
C K K W E M J E Q U H W H I A E S J
R F W Q D Q R M F V M V L A S L O V
W H T Y X E G H K P V H T W U E I V
```

SAFOU	SEA BEAM	SPRUCE
SAGO PALM	SERVICEBERRY	STOPPER
SAPELE	SILVERBELL	STRAWBERRY
SASSAFRAS	SILVER OAK	SUMAC
SAUSAGE	SORREL	SWEETGUM
SAW PALMETTO	SPINDLE	SYCAMORE

The delicate white flowers of the serviceberry tree, native to North America, dance in the spring breeze and are followed by clusters of bright red fruit that take on a deep purple hue when ripe and have a flavor similar to blueberries. Native people often dried the berries and used them in cakes.

Styles of Gardening

```
X Y Y B D Q J Y Q L W W S Z G C P T
H C G R A X C A E E O Y I O Q O R H
G S R D L L T T P B P L N M K N R B
V Q Z Q B A C F A A F N R R F T M C
N O X G V C T O C O N T A I N E R O
A X V A W I R S N X Q E H Z J M M U
E N G L I S H V A Y C V S S D P Y R
N A T U R A L D C O K E S E B O I T
A O E W F W T O F A C D E S E R T Y
R Z B A V R T R P O W R J T M A N A
R N E H C T I K R E G A T O P R S R
E F H R A E E B A V C B X B Q Y A D
T S J G N M E D I T A T I O N D H X
I D E D P H S X R W O O D L A N D N
D T L A N O I T I D A R T C X S B Z
E Y N Z D A X Q E U Y C E D R O X T
M X X I H M T D P O M Z F M W K T D
T R O P I C A L J T W W L O X P G S
```

BALCONY

COASTAL

CONTAINER

CONTEMPORARY

COTTAGE

COURTYARD

DESERT

FRIENDLY

ECO-FRIENDLY

ENGLISH

JAPANESE

MEDITATION

MEDITERRANEAN

NATURAL

POTAGER

KITCHEN

PRAIRIE

TRADITIONAL

TROPICAL

WOODLAND

Built in 1834 for whaling merchant William Rotch Jr., the Rotch-Jones-Duff House and Garden Museum epitomizes the "brave houses and flowery gardens" described by Herman Melville in *Moby-Dick*. The property includes a boxwood parterre rose garden, a boxwood specimen garden, and a woodland garden.

Melon Varieties

```
A E Q G H B D H E L S N G E X D C H
N I T H A Q Y I K P C M O N U O E O
A P I I A L H K V L U S O F H N A R
N R O O R M I E C N P O O U A I E N
A I S I Z P I A D T B B L R R T B E
B A F K L X S J D H S P C A T K K D
A N Y D D U G A C N Y P X I T B I Q
S A E R U D H E A A K G B Q L N G C
S N M X E D O R V L G V U S H T A Y
A A I S J Z N N Q I R A K J O N U C
C S P A T W E B I A C N A E R O K T
L O V X I K Y G O B W D A P A C W W
N Y I N F T D M T Q E C A S A B A T
Y K T D I F E J W D I A L H X S A Z
N E F Y O N W Z E W W V T Z W U T N
R Y R A N A C W S U A L C A T N A S
P Y Q P Z G R V N X E B X G O R Q P
L A G T G H O E A H O V K U Z L U N
```

ANANAS	CASSABANANA	HORNED
BAILAN	CRANE	JADE DEW
BITTER	GAC	KOREAN
CANARY	GALIA	SANTA CLAUS
CANTALOUPE	HAMI	SPRITE
CASABA	HONEYDEW	WINTER

The Canary is a melon superstar. It's yellow-skinned with snow-white flesh and named for its islands of origin off the western African coast. Though fragrant, the fruit is less musky than others of the muskmelon family and instead emits a mellow, honey-like fragrance.

Describing Trees

```
D L F L S T H B K Z P V R Q D V B D
O Y Y K P R I R H S J N N E P O R O
O V I V K W A U L L T Z B Y H X A O
W T K T S B H M R B L O P Z L Y N W
P P X Q R L C Z X F O K O O O L C T
A B J E P A T R U N K L L R E E H R
S A N I M L E A V E S T E I M M L A
I N T B Y C K Y R Q O B W M M G A E
I H I Y J U R X B O D S F V R B L H
K U V O E A L Q R Z W Y D L L R F Q
M W T O T U D P C N J U G N R U A D
W N C M X W A B Y M T F H C Q D Y G
H Q J E Z T I N Z V Y M H T S Q W L
G E R T V L R G J D R S P K F J L X
Q X V Z S C X L C V U A Y W W E I K
R F A E I V E A P D K M C J B A U H
I Y F N M L H A U F Z G P Z Y N G W
S R I A H T O O R N W O R C F S D B
```

BOLE	INNER BARK	ROOTS
BRANCH	LEAVES	SAPWOOD
CAMBIUM	LIMB	TAPROOT
CROWN	PHLOEM	TRUNK
FRUIT	PITH	TWIG
HEARTWOOD	ROOT HAIRS	XYLEM

While the cells inside ginkgo responsible for creating new growth still happily divide even in ancient trees, the layer in which those cells reside, called the cambium, gets thinner and thinner over time. The cambium is also responsible for producing tissues that aid in the transport of water from the tree's roots to its shoots.

Maple (Acer) Species

```
D K M M C K W Y N O M B Z R S E A S
G A U H S H D G D F U W C U A D L A
S R V U S B Y N E Z Y I I B C O A C
N E I I O E U X Q E Q D S R C E N C
C C D S D G L A B R U M S U H Z N H
I V D I E I Z V M T U A I M A J I A
D R G N O U I E A I Q M F I R C G R
H K B W S N M T L P A S O O I A B U
T L W A T S A O O C H N L U N M O M
U A U N F R F T R M I M I C U P P Q
T A R U I N C O A H U Z U M M E X H
Y Z D C I Q P G R L N T M B N S R I
Q S U P S H X R O K P I A T A T F H
R M R C Y N U U L D L N J M E R K E
B A B L E P B F C F W M Y R L E Y X
C I L E F N O L B S Y R B O G A H C
Y U S U N A T A L P O D U E S P P W
M J W N O C I R C I N A T U M R G P
```

CAMPESTRE	GINNALA	PLATANOIDES
CARPINFOLIUM	GLABRUM	PSEUDOPLATANUS
CIRCINATUM	GRISEUM	RUBRUM
CISSIFOLIUM	MACROPHYLLUM	SACCHARINUM
DAVIDII	NEGUNDO	SACCHARUM
FABRI	PALMATUM	TATARICUM

Many farmers have started using a vacuum pressure tubing system that sucks sap out of maple trees for syrup, rather than the traditional method of hanging a galvanized bucket on a tap and waiting for the tree to give it up. Considering it takes about 43 gallons of sap to make 1 gallon of maple syrup, most farmers find the system a significant improvement.

Fruits Starting with "S"

```
T Q A O S U S C E Y W Y P T S L E S
Q S L T Q O I O V P W Z K E A D G T
E F A S P F Y R U T A J Q S N S N A
L Q L L S A F R E R R A K T L A R
P G P W M S S D R Y C P G M O K R F
P H Q G E O K X E E O H P A L V O R
A I T Q B P N Z U D B P E S E U E U
T G L G K Q K B I Z N N T R O S L I
E S A L A L F L E D X R U G R O L T
S A X J O S L B L R A N N S Y Y I C
N X X O Y A B O G W R A U X O G V N
U T R S P N G X B V M Y T N N S E U
S M R I T N A E M N F N A H U K S D
M C N Y A J R T O S O N C O Y A D N
Z X M N S R Y G E L P P A R A G U S
F P O U Y X I S U N S E T M A N G O
R H N U I A A M U S T A S H G H J C
S R W A S X K J X O I C C C F N F L
```

SAFOU

SAIGON MANGO

SALAL

SALMONBERRY

SANTOL

SAPODILLA

SATSUMA

SEAGRAPE

SEVILLE ORANGE

SHONAN GOLD

SONCOYA

SOUR CHERRY

STAR FRUIT

STRAWBERRY

SUGAR APPLE

SUNBERRY

SUNSET APPLE

SUNSET MANGO

In July in the Pacific Northwest, plenty of raspberries, blueberries, and blackberries are available, as well as a lesser known variety called the salmonberry. As tender and soft as a raspberry, the salmonberry is about the size of a farm-grown strawberry. That is, they are huge.

Eucalyptus Species

```
S A D Y H G A I I M A S F A A A X F
I L E N B K R L Y M T O R D O T G E
S L G D I G S T C O P O I B R A U D
N E L D X C B U V L L B Z L I N L S
E H U A P Z H L X F U G Z V L I O N
L C P L Z O N O I R B N G E G M U E
U L T R Q B L C L W S Q B U E U F G
D U A Y E B U Y U I S N N H I R A N
L P K M P A I V B A I N T L A R N I
A A B P P V J H D R I N X N Q E A R
M S U L U B O L G I A G C V T F I T
A S R E Y M O U A Y F C W A M N N S
C E C A F D H Z L T G A T V S O I A
A R J N J B J O K C W S E E F C R K
X P L A T Y P U S X B R Y X A O R B
Y X G X A T C E L G E N J P Z O E J
P E R S H N B Z H J R Y G M U O P U
Y J P G J R D G P D L H W C E P O Z
```

ASTRINGENS	GLOBULUS	PLATYPUS
CAMALDULENSIS	GUNNII	POLYANTHEMOS
CONFERRUMINATA	NEGLECTA	POLYBRACTEA
DALRYMPLEANA	NICHOLII	PULCHELLA
DEGLUPTA	PAUCIFLORA	RUBIDA
EXPRESSA	PERRINIANA	

The eucalyptus includes 700 species mostly endemic to Australia. Various species have been introduced to landscapes around the world, where they now dominate some regions. In California, for example, groves of eucalyptus have encroached on native grasslands and on stands of redwoods.

Plants with Five Letters #4

```
C S Z S T Q Q B K K I A E R J I E J
W A J D E M D U R D E Q F S P K Y D
J G L F K B I O P V C G J D P C K O
G W O I U O I K O P Y M E C Z M F Y
E K D T L C P H B M Z C M J E K D I
A K I Z N N B F B U W N X V P V S R
Y A A U L A X O T D V T O U Q L D W
R L W W I Q S A E E F T L K U H C T
U K C X C E G N D L F M H T O Q G N
E W D J A A I H A E L I P L Q Q Z D
A H E Z E R Y C M H Y Y L S U D K T
D L E R I C A O V I R Y A E D O T Y
Q V D R B Y U K N S L V S H T C B M
S I I E R E U V X G R L R C M A C W
F B T A R Q K X I T P G A Z H W I E
R E K Y J J H D A B T F G G K M I S
N A U B R F Q K B M X P E Y G I X D
O C M P O G L Y M C A K Z Y E I N H
```

ALDER	EURYA	OCHNA
AULAX	HOLLY	PHLOX
BOSEA	HOVEA	PILEA
BUTIA	LEDUM	TODEA
ERICA	LILAC	TULSI
	MILLA	

American holly (*Ilex opaca*), also known as Christmas holly, is a particular cultivar of entirely female holly trees that still bare fruit. This is called parthenocarpy and results in seedless fruits, like in seedless watermelon.

```
D K P R Y K D N R X W A L N U T F S
S S N K O K F A A D Z U X V O Y F B
I S S S C S B B A P T Q Z O T Z L H
L U D S W W E K U N I O Y X S U C A
V I D R L O N H I T V X C A E N O R
E J I R P Y L M I F T W G F K R M T
R L D O T I R L E P T E E N E G M S
B R E D L E K C A L B N R P U Q O T
I I A R P N R Y F M U O I B H G N O
R C L P R Z C A A G H N T Z U C C N
C V E B K O J B R W U S J X A R H G
H P Q F E U S E S J A T R A M H I U
Z C N N Z R E D N E I R W A D G C E
B E E O J K R O O N A M A S M Y K F
R N P V C E M Y L O G J T C H Z W E
A R O R I M E A D O W S W E E T E R
R Z G C O S T E L O I V C U Q A E N
A G V C E L T T E N N O M M O C D W
```

BILBERRY

BLACK ELDER

BLUE FENUGREEK

BUTTERBUR

CARAWAY

CHICKWEED

COMMON CHICKWEED

COMMON JUNIPER

COMMON NETTLE

HART'S TONGUE FERN

MARSHMALLOW

MEADOWSWEET

NENA

PEPPERMINT

ROSE HIP

SILVER BIRCH

VIOLET

WALNUT

WOOD SORREL

Elderberries can be pressed into a magenta wine. The plant is a distant relative of honeysuckle and has a distinctive umbrella of cream-colored flowers used to make an aromatic alcoholic cordial. The most recognizable version behind the bar is a bottle of St. Germain.

Plants with Animal Names

```
X  H  K  E  L  J  Z  L  P  E  G  L  T  L  S  T  D  K
J  M  W  E  I  B  A  C  L  O  X  V  S  P  I  O  O  Q
B  Z  N  D  V  I  N  P  O  G  P  Z  I  V  X  A  O  Q
E  C  T  G  T  O  P  S  O  H  X  D  M  X  K  D  W  C
E  A  W  R  L  A  E  A  P  H  E  B  T  C  C  F  M  E
B  E  A  N  B  B  T  U  Z  R  T  Y  O  R  Q  L  R  O
A  R  H  A  E  S  C  O  W  S  L  I  P  A  I  A  O  K
L  Y  R  R  B  W  D  O  E  Z  X  F  S  N  E  X  W  N
M  C  R  E  B  S  R  E  V  B  O  I  W  E  U  E  H  C
V  Y  A  L  T  T  K  Q  E  X  G  H  W  S  D  D  M  T
W  R  Z  Q  B  S  V  U  G  W  X  Z  J  B  Y  L  V  K
D  Z  P  P  D  Y  S  L  N  N  K  C  V  I  Z  J  N  V
O  S  T  A  G  H  O  R  N  K  A  C  Z  L  Z  B  F  A
O  E  N  F  Q  V  N  A  C  T  B  I  I  L  S  A  A  F
W  G  J  N  E  Q  T  Q  N  J  A  U  Y  H  N  J  U  M
G  T  I  G  E  R  L  I  L  Y  H  A  S  O  C  O  T  W
O  X  A  C  U  C  P  S  N  A  K  E  S  H  E  A  D  R
D  T  B  G  D  E  E  S  K  C  I  T  Z  O  P  E  R  U
```

BEE BALM	DOGWOOD	SPIDERWORT
CATNIP	FOXGLOVE	STAGHORN
CHICKWEED	GOAT'S BEARD	TICKSEED
COWSLIP	GOOSEBERRY	TIGER LILY
CRABAPPLE	SKUNKBUSH	TOADFLAX
CRANESBILL	SNAKE'S HEAD	WORMWOOD

Cat owners—and the cat-obsessed Internet—have observed felines go into a frenzy after rubbing and rolling against catnip, *Nepeta cataria*, when it is nearby. Research published in 2021 suggests that cats not only use catnip for a high but may also use it as protection against mosquitoes.

Flowers Starting with "S"

```
P S D E R S L S S Q E O K L O O S H
O P N O C Y Y C A T M R U P X O M W
R X A O X I A R O P E S N L L B J E
D V A G W E T Y I W O B H I M M N C
N L F X V D I A O N Q N D H T T J G
U H Y O Y O R L T H G A A R B N S R
S L L H H A F O E S G A H R G A C Y
M A N P F N L N P O E V U X I G A S
C U L V U Y E X B U N U P O K A B I
O Z D S M L L L E W D E E P S S I A
A Z M E I S W E E T P E A J Y N O D
E B K S S L X W O P N A E I U O S A
S A L V I A S P L E N D E N S W A T
K J L I V J T A L L I C S T R F P S
W U M S T R B L E S D N V N D L X A
D G Z S S O U C G X F M I Q X A C H
S N A P D R A G O N H M A C G K C S
A P R M X E T N X I B K E F S E Q R
```

SALVIA SPLENDENS	SHASTA DAISY	SPEEDWELL
SAPONARIA	SILENE	STATICE
SCABIOSA	SNAPDRAGON	SUNDROP
SCAEVOLA	SNOWDROP	SUNFLOWER
SCILLA	SNOWFLAKE	SWEET PEA
SEDUM	SOLIDAGO	SYRINGA

The massive Woolsey Fire in 2018 that burned 96,949 acres in Los Angeles and Ventura helped produce a bumper crop of flowers in southern California. That's because many wildflower species, including poppy, popcorn flower, lily, lupine, snapdragon, and some sunflowers only germinate under those exact conditions.

Mammillaria Cacti

```
M C M H Y M I H P H C W S P M Z S L
P O A D B D J U C U E A L I F R V I
X W L R Z N U I H Q D R E A C Z T N
E I Z G M X R B I D F G R O W X P D
I L L R Q E O Y C F I E M E N M E S
Y V K V B I N Y A A G P L Y R H M A
S J G N Q I G A N R R L S Q H A J Y
A N K B O M D A E E M E U J A H E I
N R A H E U D M S I S N E M A L A Z
A K O G U A I S A N I P S I S N E D
I V Z L E B A R Y A T N A D A J U T
R C F H F L H J E D M R T S H S L E
E X M L N I E G J B X D A K T U H J
Y I N N M X B U Z K N C G Z M O E A
E C A R D E Y L O P O R N Y Z S V H
Z Q U A C Y J X A B I R O U P E B Q
G L O C H I D I A T A C L H F M L L
H A M I L T O N H O Y T E A T Z R Q
```

ALAMENSIS	COMPRESSA	HERRERAE
ALBIFLORA	DENSISPINA	LINDSAYI
BAUMII	ELEGANS	MIEGIANA
BOCASANA	ELONGATA	POLYEDRA
CARMENAE	GLOCHIDIATA	THORNBERI
CHICA	HAMILTONHOYTEA	ZEYERIANA

Minerva Hamilton Hoyt spent two decades seeking to protect California from cactus poachers. Her efforts eventually led to Joshua Tree National Park. In recognition of her work, a 5,405-foot mountain and a cactus species, *Mammillaria hamiltonhoytea*, were named after her.

```
Y O B M Z D Y R R E B L U M D E R H
Q R L O C B F P I E H X B X K F H C
E L R E N F U M C R B D T A M L C E
Y A E E R E D M A P L E O W A O R E
B L S F H U C A U S Q E T Z G W I B
L H L T T C F R H H T O Z Q N E B N
U D A O E S K A A I N S M X O R T A
E W Q W H R B C H B Q S I E L I E C
S F O J T N N W A Q A H B F I N E I
P R Y L U H A R Y L U P G K A G W R
R W F J L B O C E A B Z P M J D S E
U D R Y D I T R I D M D Y L G O L M
C T T T Z R W D N R C M L Y E G Y A
E F L B R I Z M U R E E W I R W G E
Y R R E B E K O H C M M D Y W E O R
S E R V I C E B E R R Y A A Z E G O
S T A G H O R N S U M A C Y R D M W
E N I P E T I H W N R E T S A E F B
```

AMERICAN BEECH

AMERICAN HOLLY

BLUE SPRUCE

CHOKEBERRY

CRABAPPLE

EASTERN RED CEDAR

EASTERN WHITE PINE

FLOWERING DOGWOOD

HAWTHORN

MAGNOLIA

RED MAPLE

RED MULBERRY

SERVICEBERRY

STAGHORN SUMAC

SWEET BIRCH

WHITE OAK

WILD BLACK CHERRY

WILLOW

Trees provide places for birds to nest, but they also benefit from the birds. Pine trees have the mountain chickadee, red-breasted nuthatch, the pygmy nuthatch, and the yellow-rumped warbler to thank for large, healthy branches. The birds keep away insects that feed off the tree.

Longest-Living Plants

```
F Y O Y F J A D E H S Z A L S K X G
L Q J I F E Z E H N H B M U Q A Q I
V P C D L K B G A V O E T Y H O G F
T U X Y S V K K V L F C R P N T I F
S D G D T S E V I L A A U Q M N A A
T L F U Z P U B L C L S B G Q A N E
S N J X L H O F S D S P B E W I T L
B C A A J G V A C R E I E S K G S E
O O N L K J M M H J I D R Q M E E L
M T S N P T G I F G N I P E E W Q D
B X I T S R P C I L D S L Z X C U D
T G B I O U E O U L I T A M J D O I
C Z R Y H N R D T G G R N H T Z I F
Z H C O Y H F R I H O A T P F M A M
C J Y Q Y H M E N P O R Q S T Z Z R
J A Y E V S I D R J S S H S J X R W
T S Y E P S O S A N S E V I E R I A
B R I S T L E C O N E P I N E W T E
```

ASPIDISTRA	FICUS	POTHOS
BOSTON FERN	FIDDLE LEAF FIG	RUBBER PLANT
BRISTLECONE PINE	GIANT OAK	SANSEVIERIA
CHRISTMAS CACTUS	GIANT SEQUOIA	SNAKE PLANT
FALSE INDIGO	GINKGO BILOBA	SPIDER PLANT
	HOYA	WEEPING FIG
	JADE	

In 1964, Donal Rusk Currey killed the oldest tree ever discovered, then almost 5,000 years old. The tree was a Great Basin bristlecone pine, and Currey didn't meant to kill it. It was an accident, and he didn't really understand the ramifications until he started counting rings.

Trees Starting with "T"

```
W X R Y U R K D G S E E B O B B T R
M L A P I L A T O E V G W L I K I A
Z A X A P B M T R O Y C X E F A C D
W K W Y U K A T T A W Z C P M O O E
T U N G L I A T Z E A P J U P N D C
I D W B W E W B O M P W I T G A E N
Y L N A T Y P Z S O T M Y L Y T N A
G Y N I Z V S N Y T N Z U M U A D I
V I K C R R D R J R K F A R B T R N
A T E A K A R E V E A L I A T N O A
F R N I S E M C K E S F E P R X N M
F A X Q B K R A L O A Y E R R O T S
I U P N N F B U T F T X T M L D Z A
U U I C T T I R H G Y W X Z D X J T
G W N T X O X L A O D J A G L Y E H
T X I W C K C W F D X I W F R G T X
E P P M B C G Z E S V H G E X Y W I
U U N U B M L A P E L G N A I R T A
```

TAIWANIA	TEA TREE	TRIANGLE PALM
TALI PALM	TICODENDRON	TRUMPET
TAMARIND	TIPU	TULIPWOOD
TANOAK	TOON	TUNG
TASMANIAN CEDAR	TORREYA	TUPELO
TEAK	TREE OF GODS	TWINBERRY

A fungus related to the blight that ravaged Ireland's potato crop in the mid-nineteenth century is also related to the pathogen that causes sudden oak death. That disease was first found in California in the mid-1990s and has spread to Oregon, killing at least a million trees, mostly black oak, tanoak, and coast live oak.

Pollinated by Bats

```
L J P X V S E L K C U S Y E N O H O
S E D C Q U V D G X O R X W F F O W
P K N I S T M S K F E J X O U M P A
E E O U W C O E W V C I A G M O O S
J U A Q U A R N G U A V A G E W A P
X H J C X C N A K I X P Y T A G N A
U H V R H E I B H H A G A Z U V G N
W N U S L P N A L X J D Q A U O E A
X D R P O I G E A S T K R O L G C N
O J Z P E P G L N Z U O O D N C O A
N G O Y S N L F P A C H E A K X E B
O T N A S A O N N A I N I A Q P M U
B R Q A E G R P C L R R V O O D F T
S B P F M R Y T D O U O Y U T C O Y
B Z T Y R O U G D D C A S H E W O G
O D Y O F S S U T P Y L A C U E J C
E S O R M I R P G N I N E V E Q D D
Y M O O N F L O W E R I W S U D U E
```

AGAVE

BANANA

CASHEW

COCOA

DATE

DURIAN

EUCALYPTUS

EVENING PRIMROSE

FLEABANE

GOLDENROD

GUAVA

HONEYSUCKLE

MANGO

MOONFLOWER

MORNING GLORY

ORGAN PIPE CACTUS

PEACH

SAGUARO CACTUS

A little-known fact about eucalyptus trees is that they grow taller than most of the biggest-tree contenders in the world, taller, perhaps, than any other species. The tallest eucalyptus ever, at Watts River, Victoria, Australia, was just shy of 500 feet.

```
P R U J H L D W L W E R S O G G S R
W P E T I W C O U K T E R W E H E E
B H J L I G P Y A B N N A A Y A V G
K O E L L P D R Z K M U E T H N O G
W K V E E U N D R H E R H E W D L I
M N N R L E P O N F K P S R A T G D
S T S S D B F D I O S E G I T R G N
P C C R L N A N E O P S N N E O N O
M K A P E Q K R A E W O I G R W I I
J G N D S L W K R A W N N W I E N L
K F R E I F E M S O N E U A N L E E
A A D O E R C W S T W L R N G A D D
G M S N H P O T X Q J D P D C V R N
N Z O O B B A D D G I E L N A I A A
F H S F G D K D R H X E N Q N J G D
J E C K T B F W S J C N P P Z U O H
E X T E N D A B L E H O E C K Z O T
L E V O H S T N I O P D N U O R Z H
```

BOW SAW	HAND TROWEL	SOAKER HOSE
DANDELION DIGGER	KNEE PADS	SOIL KNIFE
EXTENDABLE HOE	LOPPERS	WATERING CAN
GARDEN FORK	NEEDLE NOSE PRUNER	WATERING WAND
GARDENING GLOVES	PRUNING SHEARS	WEED PULLER
GARDEN RAKE	ROUND POINT SHOVEL	WHEELBARROW

Community gardens seek to bring people together toward a common goal. It's an idea that's both quite new and very old. From the Victory Gardens of World War I to the small urban farms of today, community gardening has been steadily on the rise, especially in recent years.

Olive Varieties

```
A L L I N A Z N A M M A Z X H T H E
Q E P P A H A G N H A L Q F G V F G
I J S C F A T O X N I F U L S P X M
I G Q I A T I R C W R O E I V A B P
Z B O W O N S E A S U N T O T S H B
V K J R I C R T L C G S P R V S X J
H J A R D I I E M A I O W S V I K C
A A G L G A C N B S L Y I K I F A A
K A L N A C L X H T O B H D I M M U
J G O K I M P X D E A U J D L A H W
I L Y N I F A U V L O A S G T E M D
A Z O P A D X T I V Y E V I V I B D
G A H T I W I J A E E M O U S P B U
W S E R L Q S K N T B N K S P I D P
T A H W U H C N I R F Q I D H C I N
G C G R B F C P A A H O Z B J U F B
P I C H O L I N E N N G H M Q A E I
D P B C K N O Y N O C P I Q V L H L
```

AGRINION	GAETA	MANZANILLA
ALFONSO	GORDAL	MISSION
AMFISSA	HALKIDIKI	NIÇOISE
BELDI	KALAMATA	NYON
CASTELVETRANO	LECCINO	PICHOLINE
CERIGNOLA	LIGURIA	PICUAL

An olive tree in Bethlehem is believed to be 4,000 to 5,000 years old, while the Olive Tree of Vouves in Crete, as well as several nearby trees, are believed to be 2,000 to 3,000 years old. These trees still produce fruit, and these olives are highly prized.

Oak (Quercus) Species

```
A S I N G I S N I U J P D B Q A H S
N C T P A C I F I C A V R U C A K T
A W I E B I F I V D V Z R I R I X E
I J B N F W N M M Z A M L K R A G L
R S U A O A L B S T H O X E O A T L
H J C K M Z J G O Z G Z G Z L Q K A
O J M P F W I M V N N D U M O S A T
M Q A R I H D R O K L T T S C R V A
P H R A O U R M A I O G M K I Y G Q
C S I L I M I S T U K A A E B T B Z
L R S M Z Z E S M V P R H T T O G E
J K U R O D R E N N Z R Y K A R V N
Q O B G R R Y M S E C Y H K I N E L
Z J E Z O I K S R A G A A S I A A M
T T R S I S N E O J A N E T U D A L
L Q F M R S A G W X J A U V M M Y Y
U I M B H M G D V L Z O U P V H W U
K K D H R X A N I I Q L Y B B Y W P
```

AJOENSIS	GARRYANA	PUNGENS
ARIZONICA	GRISEA	RUGOSA
BICOLOR	INSIGNIS	SIMILIS
CHAPMANII	LANATA	STELLATA
DUMOSA	MOHRIANA	SUBER
DURATA	MONGOLICA	TOUMEYI
	PACIFICA	

The Whistler Tree in Portugal is the oldest known cork oak tree, or *Quercus suber*. It sprouted from its acorn 20 years before Lewis and Clark described the Rocky Mountains and produced its first cork crop in 1820. It produced a ton of bark in its 2009 harvest, and it is harvested every nine years.

Flowers Starting with "T"

```
G B B U X A S T L J T V Y S E Q D F
M J T F T E L Q H T R A T T C Y F R
X U T C T R V E I U I C U N L X M W
T E I E P C O G D E N B U H W M O S
G S G L O O E P L T E B X E R U L A
Y A E C E R T E A R O S E F V I Z K
T O R Q L H T M O E X Y W R A L S T
S M F I U I C S A I O W W Y G L T R
L R L Z R Z E A P P I L U T S I T U
N Y O T U A S E R Q W E U Z D R A M
Z U W R F Y D Z W T V O V M C T U P
E L E T R O L L I U S M F O Y L M E
Q N R I Z C C D C Y K L R T N A U T
S Y T U V U A I N O H T I T B F F V
U N X B K O T Z J I Y G E H H H Y I
W K F K T O W W U Y C V M F O A A N
I Y V D Y Z C R C N U A A L J W K E
P B N I C Q G K I V A S Y X Q A F R
```

TAGETES	TITHONIA	TROPAEOLUM
TEA ROSE	TRACHELIUM	TRUMPET VINE
THUNBERGIA	TRILLIUM	TUBEROSE
TIGER FLOWER	TRITELEIA	TULIP
TIGER LILY	TROLLIUS	

For weddings in Hawaii, flower garlands called "leis" embody the sweetness of the love the couple has for each other. Brides often wear an elaborate lei of fragrant flowers like jasmine and tuberose, while grooms wear a lei made from stems and leaves, of the maile vine, which grows in local forests.

```
W M B D B D V M G N N A N L E F R T
P A A U T V I I O L J I C A Q V A U
P L P L T U A H O I A P Z O T J T N
M L U A A N Z B J T F S X T I P S T
X E C P T N G Q N O J S K I J W G S
A B K T M O G A O Y M T F F I A N E
W Y A N S F L A C K O N O W N B I H
Q R J Q B P M A Y O C O C L Y E Z C
O I P T R T Q I R L M A I L W S A R
V A X E A N U W O K T K I E D S L E
B F T N F E O O Y Q C L Q K E E B T
Y A N A H R G F A O R H D A R R W A
W I I N R C E U M E O A G T L A K W
A T U A D I X E T U C G Y N E S V U
B O N N A D Q S S S U L O I D A L G
U K C A L N U B B I S W R S N D B U
P J R B Z L X C I U A S Z S T J B R
X O K M C R A T S N A C I X E M Q K
```

ARROWROOT

BANANA

BESSERA

BLAZING STAR

CLUSTER LILY

COCOYAM

CROCUS

FAIRYBELL

FREESIA

GIANT TARO

GLADIOLUS

KATNISS

MALANGA

MEXICAN STAR

TANNIA

WAPATO

WATER CHESTNUT

WATER-PLANTAIN

In the Pacific Northwest, wapato tubers from *Sagittaria latifolia*, otherwise known as arrowroot, arrowleaf, or arrowhead, were a staple crop. Growing on riverbanks and in wetlands, they were accessible to native communities who dug them up, roasted them whole, or dried them and pounded them into a meal for storage.

Plant Cell

```
A T S E L C P H Q R A C S K M L L G
I J N K B W H D Z M I U Q G S L N O
R L O Z H U X L Y I E B O W A Q P L
D C A U U B T L O L F L O W L R R G
N U U D G R O O C R G K L S P Y W I
O X J H X P A U R I O L Z K O Z A A
H L L I L N N Y V C E P A Y T M B P
C G P A L P W E P C I U L S Y U E P
O G S R F X S X E G E M K A C I U A
T T A R E I S N R E M O S O S Y L R
I E C V C N E H O O H J L H Y T L A
M X J L I S H B X H N R M L R O F T
R E E V G M O S I D E I N F K X D U
X K V M S E P C S Y I K I R J Q R S
E L U N A R G T O C P K L C Y P N Q
X F J V J P E J M N U C L E O L U S
H X S C E L L M E M B R A N E H Y I
M F M W Y C T M V A C U O L E T M L
```

AMYLOPLAST

CELL MEMBRANE

CELL WALL

CHLOROPLAST

CYTOPLASM

GOLGI APPARATUS

GOLGI VESICLE

GRANULE

LYSOSOME

MICROTUBE

MITOCHONDRIA

NUCLEOLUS

NUCLEUS

PEROXISOME

RIBOSOME

VACUOLE

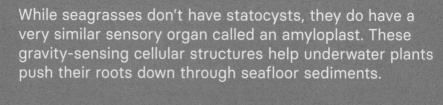

While seagrasses don't have statocysts, they do have a very similar sensory organ called an amyloplast. These gravity-sensing cellular structures help underwater plants push their roots down through seafloor sediments.

Lady Slipper Orchids

```
E D P C C H T U W M P O P E O M B D
S E E T S C M K U W P Z A Z U G I D
N L A A I G U H C G I Y F C A A V A
E E E Q L S T O S O O I A J N B G W
O N I I P N C M H R N I W T R T M F
P A I W A H U E F C N C H O L H U H
I T Y R N V D E A E U U O D L N I A
L I C N P T D H M T M T Z L P N L Y
A I X C E O A R N I V E U M O Z O N
M E P O G K A G T Y X P W T F R F A
G P X T K B E L L A T U L U M B I L
K V X O H E I I N O S R E M E D T D
H A N G I A N U M X G B W O N M N I
E A I I G N I K A P O L O K N A A A
S T E S N E M A N T E I V H E R G N
D Y A X E H R N N A V T O S H V I U
F P X M Y W Y L H U J C O P H O G M
T H U J L Z P I U A M U T S U N E V
```

ADDUCTUM	EMERSONII	MALIPOENSE
ARMENIACUM	GIGANTIFOLIUM	MICRANTHUM
BELLATULUM	GODEFROYAE	NIVEUM
CONCOLOR	HANGIANUM	THAIANUM
DELENATII	HAYNALDIANUM	VENUSTUM
DIANTHUM	KOLOPAKINGII	VIETNAMENSE
	LOWII	

Also known as lady slipper orchid, *Paphiopedilum venustum*, found in Southeast Asia, uses its bold coloration to bait insects. When insects land at the center of the flower, they often fall into its cupped lip, which is one of the flower's three petals and serves as a landing pad for its pollinators.

Fruits Starting with "T"

```
T A M A R I N D N O T H A P B S N U
U B Y Z P P C A K P L A N R I M O N
J V Q A E C P U S G D E Y M U P M C
M S R M T A N G O R T K G B W I M U
T E C U O P F H P O J J J M N E L I V
T O G N A M I R U P A T O T A R S S
T A C H I B A N A O R A N G E T R G
P O S E S W I G Y J D B R X Z G E Y
A Z M W V Q B A O H L Z R H H M P F
H C G A Z F C H K J B T X H Z C S Q
C C W T T L Q V Y R R E H C T R A T
L O W Z B O X Z C Z Y W Y E T L X S
O L L I R A M A T T T W Y B C F E S
T H I M B L E B E R R Y B Q Q N T Q
E L P P A R A P O T Z S Q Q M A E R
W N K S R F E U E E N I R E G N A T
T A Y L O R S G O L D P E A R H H K
T O M P K I N S K I N G A P P L E Y
```

TACHIBANA ORANGE	TART CHERRY	THIMBLEBERRY
	TAYBERRY	TOMATO
TAMARILLO	TAYLOR'S GOLD PEAR	TOMPKINS KING APPLE
TAMARIND		
TANGERINE	TERAP	TOPAR APPLE
TANGELO	TEXAS PERSIMMON	TOTAPURI MANGO
TANGOR		

The sweet-sour brown pulp of the tamarind fruit is a popular flavoring in Mexican food, especially candy. It is also the basis of a refreshing drink called *agua de tamarindo*.

```
V U P N G O Y W P I X F Y O O W D N
B B A L K R Y R N E A A U M T K J R
M V U K I Z E I R I D V K V N C Y E
Y R O T D P L E C E F A Y Q I M Q H
K I T E N L L C N Q B K M Q P V M T
M U N G E U V O B B S N X A L B C R
T W K N Y E G L Z S A R A Y M E C O
U F N M R C A Z P N L B Y R F E Y N
V A P B L C A N I A A A Y B C E N T
C Z D C K W K F N G R B W L E Z F A
J F B Z B O X K K Q G J R S I P P E
Y X G O U Y C Q Q V E Y T A I M N R
Q D E Y E K C A L B L Z V O G K A G
Q Z F O W F I I M E I Z G W Q Q K N
Z F T S L T G B E N M O J V D E N F
N U Q I W O R J I L A O Z X L K M Q
H F M Q O I W W U T U F G T B U P R
Z A J R L B D Q D X P R P I Y L F C
```

ADZUKI	FAVA	LIMA
BLACK	GARBANZO	MUNG
BLACK-EYED	GREAT NORTHERN	NAVY
CANNELLINI		PINK
CRANBERRY	GREEN BABY LIMA	PINTO
EDAMAME	LARGE LIMA	

The great garbanzo bean stars in chana masala, the classic dish of India. Chana masala is simply protein-packed garbanzos stewed with onions, tomatoes, and a curry of spices, including coriander, cumin, and turmeric—and is often served over rice.

Corn-Producing Countries

```
A S I S Z O U P F D G N A E S O L N
I E X G W S C B K M G C Q J E U V L
Q N V K F C Q I O J I J F E T A F P
H I D I N D I A X R U R J I A U M L
P P T O B U F C F E A C H L T Z C T
X P K X N N A F N M Z B J S A G T
L I F J D E H T C L R M F K D U C Z
N L E N K T S E B T P W R T E R F R
I I C D U E A I D C H I N A T L R U
H H P O C I X S A A I R E G I N I S
S P S O N A S U P I J P U N N Z Y S
V L N A D R N O K I B T K R U L I I
I G M F N B I A E I S D R O T H I A
P O C E R H N A D V Q R A E W D F D
R U P A J K W C V A R L I R L E A E
Z S Z A R G E N T I N A N Z T T C G
S I E T H I O P I A E T E A B O R L
L P U C T T H Z W W L X T J S C P V
```

ARGENTINA	FRANCE	ROMANIA
BRAZIL	INDIA	RUSSIA
CANADA	INDONESIA	SOUTH AFRICA
CHINA	MEXICO	UKRAINE
ETHIOPIA	NIGERIA	UNITED STATES
	PHILIPPINES	

We don't just eat corn—it can be turned into flour and syrup, it is fed to livestock, it is transformed into ethanol, and it can even be used to make plastic. Between 2016 and 2017, about a billion tons of corn were produced around the globe.

```
L K E M T S R K O M C Y S P J L M W
O E W S X A F Z Z M A F M B M A B I
D E U I O L K P W X M A L L I C S N
C V X C N R V E U E E D E E B D R T
T Z D R O T M W P D L C A J A C N E
Z M D J I J E I O S L E P B Q B V R
W N N B H D U R R K I I I P Q S I H
T K O Q Y P N M B P A Y A S U Y O E
N E M A L C Y C B E H S N C M O L A
P O R D W O N S C Y R S O H K D A T
G B D P P B M X E B U R I H S E W H
J Q Z A T M W H G N C C Y L D L H S
C H R I S T M A S R O S E F G U I O
W I N T E R A C O N I T E F L N Z D
O R N A M E N T A L C A B B A G E R
A C I N O P A J S I R E I P D W D M
X W I N T E R J A S M I N E K B A P
W I T C H H A Z E L M B K U T N Y A
```

CAMELLIA

CHRISTMAS ROSE

CROCUS

CYCLAMEN

ENGLISH PRIMROSE

LEUCOJUM

ORNAMENTAL CABBAGE

PIERIS JAPONICA

SCILLA

SNOWDROP

VIOLA

WINTER ACONITE

WINTERBERRY

WINTER HEATH

WINTER JASMINE

WITCH HAZEL

The yellow leaves of plants like witch hazel follow a traditional textbook explanation for color change. The breakdown of green photosynthetic pigments called chlorophylls exposes the yellow pigments, or carotenoids, hiding underneath. As the leaves continue to waste away, they produce tannins and turn brown.

Poisonous Flowers #3

```
B E L L A D O N N A H Y F L Q I B Y
M A I S V I H G E D L Y I Y P N E P
H T N W S T B P H I U L G D B A A A
T Q R A E J T R L E I V B A W P D A
O A R U I E W A O U N U Q F G I T E
O P Q Z E T S S M H T B Q L M G R Y
R P V W V O O V Y T P M A X Q N E P
E S S D I W W C E W J U B N X A E C
K G D R D M S R I R R X E R E R K L
O D O G Q M F J N N J V J S E F W A
P L J W N L E R U A L Y R R E H C N
G C X B Y H O R S E C H E S T N U T
D E E W K L I M N O M M O C M A V A
P R E W O L F N O O M Q N B I J V N
T E L Q F K X C T G S R W W E R H A
D C R Z H G H S V A M Z N A I A I N
E U J P B G Z V D Q R O L M L G O S
R L D Y P C W C W I S T E R I A O T
```

BEAD TREE

BELLADONNA

BUTTERFLY WEED

CHERRY LAUREL

COMMON MILKWEED

EUPHORBIA

FRANGIPANI

GLORIOSA LILY

HENBANE

HORSE CHESTNUT

IRIS

LANTANA

LILIUM

MOONFLOWER

NICOTIANA

POKEROOT

SWEET PEA

WISTERIA

A recently unearthed document from England dated June 12, 1365 cautions gardeners about poisonous plants. "Owners may cultivate herbes such as belladonna, nightshade, and henbane for personal use—though the sale of such herbes is prohibited, owing to their properties for causing fevered hallucinations of the brain."

Flowers with Five Letters

```
W J S G S A U S S K D A G C C X A J
V M L K J V P H X T T A L F G O V T
G N N F M E H G B S O O C W U L K U
L I A B W N Q R O R L C E Y J H P L
P U O C G S O H S P U Y K R C P M I
Z Y P V T O L I L A C M R E P A C P
O K N I M E D J S V C A G R X A J M
G O P O N R R Y I T B Z G E U R W E
P X N L E Z T N G L H U X U N U U J
Y L B F K P C R J Q Z S Q M R A Q L
B W U M Q A C Z O N X C Q U W G K K
A N D C N O S I P H F A E U A W J I
V S E D U M Q T T G X G W W P V G V
P R Q P I J V E E C C H B A S U N Z
B Z I I K W G P G R Z D N Z Z S L R
G F I P A B A W D C R S E J P K O P
F H M Z L F I U Q N Y O Y P P O P N
B O R J Z L D F O M U Q Z E G Y Z P
```

ASTER	HOSTA	PINKS
AVENS	LILAC	POPPY
BROOM	MAZUS	SEDUM
CAPER	PANSY	STOCK
CYCAD	PEONY	TULIP
GAURA	PHLOX	VINCA

Opium, morphine, heroin, codeine, and synthetic drugs like hydrocodone have one big thing in common: they are all derived from the opium poppy, a pretty flower cultivated in dry climates. A combination of two genes more than 7.8 million years ago was the first step to producing morphine and other narcotic compounds.

Trees Starting with "U" to "Z"

```
B S S X Y K O K D Q O M A X O X N P
W C M Z K S N B Z P E L L C N H J R
O O B K I M S T C N L L T A U G U L
L W N U P A S Y I E H G G K P I M S
L F P I Y K T P R Y T D Z C X X Z X
I J Y H R U I B A C C U Y Q D F A L
W E I N N M M W I T C H H A Z E L W
W X K G E U D R W M U G R E T A W Y
A L N L W I D A U U W X E C H M E E
G I L Y D Q L Y J I L G L U S A L L
W O X G A N V B Z S S V G J V E U L
W S L Y U V O I P J P X L V I B V O
V N E T L K O N B W Q L G Z T E Q W
D L G I M O K K U U U T H S E T O W
L W H L F Q S M L Q R I C K X I T O
F Y M H C Y P M D E V N L M B H S O
B O I P Q X U J A V Z D U A N W U D
S A Y A T A Y P A L M N R M M O O K
```

UMBRELLA	WAX PALM	XYLOSMA
UPAS	WHITEBEAM	YATAY PALM
VIBURNUM	WILLOW	YELLOWWOOD
VITEX	WINGNUT	YEW
WALNUT	WITCH HAZEL	YUCCA
WATER GUM	WOLLEMI PINE	ZELKOVA

Viburnum fruit is very nutritious for birds because it has a high fat content. And it uses some of its fat molecules, called lipids, to create its startling blue color. This discovery is the first time that scientists have seen a lipid molecule used to make structural color.

Wind-Pollinated Plants

```
S O E E C R T R Q X R S Y A N R O P
W A Y F K W A L N U T J U E A Q Y W
H P R C O T T O N W O O D R L C J Y
X P E O P W N D C K C N I N D R C D
G S E Z O U Y Y O Q L C Z O E Y A W
Q D B C H T A V V O E W N V R H D B
W O T J A L I C T I R H B N R M C P
R N R O C N V Q M V D E S P W E R I
J I N O Z Z Q F W P K A N R L B Y S
A F D N P S T O R R O T O F I R B T
Z F C I T B L P B S I P I V D F Y A
V G N A S L F B Q C D A L P Q H N C
E E O W I E C U R P S B E A L Q K H
M C J W B R L K B H F B D Q R R L I
W O L L I W Y S S U P I N Y D S H O
E W G K J I W N Q A N P A Y S Q X H
T R Z U T H F R G F E M D G A V V E
R E V Z U A C F Q O K T S Y F M N U
```

ALDER	FIR	PUSSY WILLOW
BARLEY	OATS	RICE
CORN	PECAN	RYE
COTTONWOOD	PINE	WHEAT
DANDELIONS	PISTACHIO	WILLOW
	POPLAR	

In the late nineteenth century, British farmers began to rely more on imported South American guano for fertilizer. That let farmers intensify their agriculture and resulted in wind-pollinated grasses replacing many of the wildflower species that quite a few pollinators relied upon for food.

Hawaiian Fruits

```
A E T X P Y L V Y O K E G G T Q O K
P N E D O A M O M B C V U X L T D O
A G A H R C O C O N U T A E L K A G
S N K N C A X S V W N Q V G U T C N
S B A X A Y G V P E Q P A M P I O A
I K A T Q B L O E A E G Q L T U V M
O G C X U B E T N R P U D I W R A C
N S R P E B S L S F A A U J F F V C
F T Z Q G O M I P T R R Y W L R T Z
R B B J G O M A G P F U F A H A P O
U F J N K M W E R D A N I L Z T U J
I M A Z O M E N A X U D K T Q S M F
T M J N B C I E L P P A E N I P E N
F O O B D O R C Z N A W Y Y T R I T
L R Z B M B X J Y E Y N B B B D C J P
E V T P U X X W N A G N O L U F R Q
M O U N T A I N A P P L E O A A F E
Y Q U W G N I D W B N L P T A V Z B
```

APPLE BANANA	KUMQUAT	PAPAYA
AVOCADO	LONGAN	PASSION FRUIT
BREADFRUIT	LYCHEE	PERSIMMON
COCONUT	MANGO	PINEAPPLE
DRAGON FRUIT	MANGOSTEEN	RAMBUTAN
GUAVA	MOUNTAIN APPLE	STAR FRUIT

As a provider of nourishment and material for mankind, the coconut is priceless. One study reported 360 uses of the tree and its fatty yet watery fruits. One coconut palm will produce between 25 and 75 fruits per year over its eight or so decades of life, and, worldwide, people harvest 17 billion coconuts per year.

```
P X F I R R Y W S X P S S U P F H D
O H S E R H V I W U U E F Y J X Y W
S A U E R E U G I R H Q N I D S U I
E L S G H Y Y Y U N Z T X S J K B J
L M O E A M A I D V R C N U I M I P
G V V D N Z C Q I H F O B A G L K O
E Z I N V S Q I B Z E M T L S L I P
R D N A Q D L S H S N X H E A S H S
I V W R O O R O U P D E H P M R U U
T S M B T C B S W A L D P D G E B R
M J O S Z O O T Q W E E B I B I U F
T J I I H L H C P A R K E R I I O K
N R I A L U M Z C I I T U E B N U L
B C H I S O E N S I S P S E T O P R
P C P U T W E D D P N Q X H Y S F P
H A T V O A K S U L L E H C L U P Z
P O D T F B J C I U A L U S R R K X
O V I R I D I F L O R U S S N G L T
```

BRANDEGEEI	KLAPPERI	POSELGERI
BRISTOLII	LAUI	PULCHELLUS
CHISOENSIS	METORNII	RUSSANTHUS
COCCINEUS	NIVOSUS	SCHEERI
FENDLERI	PAPILLOSUS	SCIURUS
GRUSONII	PARKERI	VIRIDIFLORUS
	PENSILIS	

The *Echinocactus grusonii* is a small yet robust cactus native to the Chihuahuan Desert in central Mexico. The cacti can grow to 4.25 feet tall, but most available for purchase range from baseball- to watermelon-size.

Jurassic Plants

```
G E N L Z X S V S M R P C G Q C W B
F T R G B S C P C U D U Q I J Y I B
Q H E O E P A S H I F V T G M C L A
Y A F R I P S W C D A M K H U A L T
I U P N X O V Z J I L Z K O L D I C
G Y E C M D V J O N N K L U L E A S
C D Q B D T L U Z O M Z U Q Y O M I
P Q U I E E Q X Y T G P L I H I S V
Z L Z J F E P R P A E I G I P D O O
C J X H S S E T I M A L A C O E N T
O R U A U R R S S T C J N J L A I O
P G T B B G Z V E R H Y I E I P A Z
D E K N M S Q S F I E Y C T T M T A
M C N N J E R T I J Q F S A P J W M
P X D S I O C A Y T O N I A D X V I
H T T S H G U O A Q U O T N T T N T
S T R O W R E V I L A T L T O W N E
B E N N E T T I T A L E S J G C H S
```

BENNETTITALES	CYPRESS	METASEQUOIA
CAYTONIA	FERN	NEOCALAMITES
CLUB MOSS	GINKGO	OTOZAMITES
CONIFERS	HORSETAIL	PINE
CYCAD	LIVERWORT	PTILOPHYLLUM
CYCADEOIDEA	MATONIDIUM	WILLIAMSONIA

During the Jurassic and Early Cretaceous periods, many of the large herbivorous dinosaurs—especially the stegosaurs and sauropods—fed on plants like cycads and conifers. Many animals, both large and small, fed on various parts of conifer trees.

Fruits Starting with "U" and "V"

```
S O I U E I A Y G Y L L U A E N L V
Y O G O C Q V P F R B V L B H P Z A
V N L M N I A J A M K X G V M V X C
I I F Q N D R T H F W I U O V U D C
O A C Q I T U S A K H E L A U R I A
F F X T D B N H A L Z R L V D R L R
E T K B O L N H U E L E Z A S B Q E
L E U J B R E H G X N I Y N K F I S
P Z V S F E I V L C X K N G M H X E
P D D W Q J O A I A A M W A N K A G
A U D K P Y M A P V V F N A V X D R
T P K V J U O Z S L L D D V N D B A
E B R W S R R I F Z U V K Z V J T P
V X H U A X F M Y N G M H E P X G E
L K W N L Q O Q U N E S E B U B U Q
E O G N A M E K Y D N A V F X L M P
V E R N A C C I A G R A P E N E C Y
N O M E L R E M A K L O V U M G G T
```

UBUBESE
UGLI
UGNI
UMBU
URAVA
USAKHELAURI
USUMA

VACCARESE GRAPE
VALENCIA ORANGE
VAN DYKE MANGO
VANILLA
VELVET APPLE

VERNACCIA GRAPE
VICTORIA PLUM
VOA VANGA
VOLKAMER LEMON

Cultivating vanilla plants is difficult and time-intensive at the best of times, relying on pollinating the plants at a precise time, not to mention the months that follow to prepare the beans for sale.

Rhizomatous

```
E K R Q H Q A C E Y B B Q H G Y I N
V Z E D H Z E S L C R U U Z C B A D
K F G E G W H I T U A G T Z A U P W
Y D N Z N W L R T W B L K S Q U A C
L B I T D A C I E E U E A W D X R E
D I G J N J A D N I H W Z V O G T V
H L R N T M V E G U R E S N E Y Y S
I D A I R K E D N O Z E I P T B L B
Q C L C O T M R I M O D J V K I F U
Y V T Z T P A A G F X B K F A F S N
S A O V I H E E N P N M M T A J U C
K D Z R V K E B I I K P E A P O N H
L Z R Y A M S G T G M S E W B L E B
U N M T G T N Z S Z R S M F E Q V E
Y V I N O S I O P O Y N T I C C X R
V I L H Z V A S H O P S V I N E H R
A L L E G H E N Y S P U R G E T U Y
S S A R G A D U M R E B P G K Z O F
```

ALLEGHENY SPURGE

BAMBOO

BEARDED IRIS

BERMUDA GRASS

BUGLEWEED

BUNCHBERRY

CANNA LILY

GINGER

HOPS VINE

HORSETAILS

LIRIOPE

MINT

POISON IVY

RHUBARB

STINGING NETTLE

VENUS FLYTRAP

WASABI

YAMS

Stinging nettle is just one of Armenia's more than 3,600 wild plant species—a list that includes hundreds of edible varieties ranging from wild asparagus, mint, and oregano to tart sea buckthorn and sweet mallow, an herb that formed the original basis for marshmallows.

```
L V N C S Y A E A A W T S M U E J R
N M H H P R Z T M T P W A K T C E A
P P I T C A S P A R A N J H U G S T
Y V C S E L E I Z I N I E I N H L A
J T B D Y O R H L I C A R I W S X L
P U L C H E R R I M A S E B I K S U
A T F G I T A B N I U R A Y M P U C
E T E S G U T N D Y I D B F R I H A
C A P T I L U A E A B I E F S Z F M
A I Q W R R M S N X K I L O B B I I
L W F K I A T A I A W S L Q N D Z U
O F G A B T S S I V R X I T E L Y Z
I S W A R K A P E Q O T N Q Q G M O
V C I O G I H Q I U L A A X I C V Q
A P H R O D I T E S Q C E M T V N I
B U Y S O N N I A N A E F V U Q N M
C O R N I N G I A N A S B F H S O Q
A N A I R E L L I H C S G G W J C I
```

APHRODITE	FIMBRIATA	REGNIERIANA
BELLINA	LINDENII	SCHILLERIANA
BUYSONNIANA	LOBBII	SERRATUM
CORNINGIANA	LUTEOLA	SUMATRANA
EQUESTRIS	MACULATA	TETRASPIS
FASCIATA	MANNII	VIOLACEA
	PULCHERRIMA	

The scent of *Cymbidium serratum* entices wild mountain mice, which spread pollen from flower to flower with their snouts. Around the world, orchid species have evolved to look or smell like female insects; males try to mate with the flowers but gather and deposit pollen instead.

Worst-Smelling Flowers

```
M W J U A N H N A T Y B M K I S A R
Y U Q A R O F B I S I Y Z O X K E A
L E R H C P F E I R R Q P Q Y U T F
I C G A N K O I T W T A H R H N N F
L U O Y E R I H V R O A G Y Z K A L
O H N R C S W N O X I C D M H C G E
O L T H P O R W T H I N P L A A I S
D Q I E R S N O C H O B E A X B G I
O D J T R O E O H R E J G P H B A A
O F C N G G L F A D K P Y R V A I A
V G S A H O E A L D A O U X F G L R
K Y R G T W F N H O Y E S L J E E N
K D N S H R O J A L W C D D P D P O
V N I Y I Y I Z X C S E V J M I A L
Y R Y C A L O C A S I A R U H M T D
A R A R U M D I S C O R I D I S S I
T N E E R T B O R A C W F D J N K I
A N I K S D R A P O E L F A S B L P
```

AFRICAN EGRET

ALOCASIA

ARISTOLOCHIA

ARUM DISCORIDIS

BIRTHWORT

CAROB TREE

CORPSE FLOWER

DEAD HORSE ARUM

DRAGONWORT

HYDNORA AFRICANA

JACK-IN-THE-PULPIT

LEOPARDSKIN

RAFFLESIA ARNOLDII

SKUNK CABBAGE

STAPELIA GIGANTEA

VOODOO LILY

Reeking of rotting flesh, *Rafflesia arnoldii* has no leaves, stems, or roots—features typically used to classify plants. But a Harvard-led study that analyzed DNA from the flower and its few relatives shows they belong to the family that includes the poinsettia and rubber tree.

Flowers Starting with "U" and "V"

```
D U M X A G R J Q K A G Y E X X S U
T V X U V Y T D O R Y P U O D H Z G
O A O C N R O L O C I R T A L O I V
Y U W D V R I Y C C G H O G M R D R
E R L P G C U R P J Y V T S L I N O
O S L Z F J S B F E E Y N G K M P N
K I E W D E L K I R L Q K Z G U B I
N M P P Z Y V C B V H H G Y Q P M M
T I Q Q U I U E C H C E C A T D D A
U R N P L A N T C I P O O Y J P Q C
Z A Q A N A C N I A C I N O R E V N
T R J M V O K C M C V U G R H I C I
N E C T Z K A B L C D P R A A W W V
Y Q L C B E D W R F R O V S C H P F
Q V I O L A W I T T R O C K I A N A
V I R G I N I A C R E E P E R N N Q
M X R B S V T W V H E A D E P A I Q
L J E K D L V Q O A J I A L G K H A
```

URN PLANT	VINCA MINOR
URSINIA	VIOLA TRICOLOR
UVA URSI	VIOLA WITTROCKIANA
VERBENA	VIOLET
VERONICA INCANA	VIRGINIA CREEPER
VIBURNUM	

Urban beaches worldwide have less garbage than remote beaches, but less life too. The city of Santa Monica hopes to change the image of a clean beach. The Bay Foundation has seeded the sand with native plants, including primrose and sand verbena.

199

US State Trees #2

```
P E R D A S H L V Z T G N W G S T L
V I L N O P T T W E M E S H A Q N H
H P N P D U Y E Q O N N U I O A E K
Q X E O A Z G S V R S I C T W P Y C
U H K C N M E L V Q R P Q E D N Z O
B X L N A Y R S A M J D T S A R Q L
K W X K E N F A C S Q E D P K J J M
P X C K Y P E Z G P F R G R X A G E
K M C U D Q S R O U X I U U Z A G H
Z U W N F X H A D A S P R C V K Y N
B Q X N I M H I G J D Q L E G T E R
K Y I H V E B K G N L E H O D E Y E
N U M A Z M L Q W N I C Z O J G A T
Z V H P S K S V E W I K G V Z B D S
I J D M A G N O L I A W A M T I V A
P A P E R B I R C H O E X U F Q O E
C M O Y Y Z S U E O K X B X Q H W S
V H D D H U G U D T R Z I F U R F O
```

BUCKEYE	PECAN
DOGWOOD	PIÑON
DOUGLAS FIR	QUAKING ASPEN
EASTERN HEMLOCK	RED PINE
MAGNOLIA	SUGAR MAPLE
PAPER BIRCH	WHITE SPRUCE

The only places on the planet that can produce maple syrup are the eastern provinces of Canada and the northeastern United States. To tap a maple tree, a small hole is drilled about two inches into the tree trunk and a metal or plastic tap is inserted.

Varieties of Coffee Beans

```
L T K I T K Y C O G N Q O U S M H S
N I J P J O A D U G H O K C G P Q J
U R B Z U T U A F N S B E N U F N
E X S E U H T O G D M A J R V E Z A
V Y J R R E U L J Z U W N B U N S L
O E R L M I A U G I T N A E A O S T
O A S A K J C Y T M H S T B T A B I
R J L R J V D A D L K O O A N A J T
I A F R A I J A N E S C C M R I C A
E X Z X O P X W O O H I A O B A Q A
N Z M B R O A V X U B R M Z P J P T
T H J N B R W U Z A C I M K I E C E
E K W J H N F B R O T A H S I E G X
A M I M J P I A S A E E Z C E K U C
D R K N Z K Z F C O R O B U S T A E
O G N A N E T E U H E U H G G U M L
O E N A C A T A U I U H F Q H N B S
U K W S Q I G A I D J D Z T M O Q A
```

ACATENANGO	CATIMOR	GUATEMALA
ANTIGUA	CATURRA	HUEHUETENANGO
ARABICA	COBAN	LIBERICA
ATITLAN	EXCELSA	NUEVO ORIENTE
BOURBON	FRAIJANES	ROBUSTA
CATAUI	GEISHA	SAN MARCOS

It takes about six months for a coffee bean to go from crop to cup. During that time, it is shipped from facility to facility, clearing a gauntlet of regulatory hurdles along the way, before it finally arrives at a local café. In fact, a coffee bean can change hands as many as 150 times before it transforms into the delicious caffeinated beverage we know so well.

Common Houseplants

```
T Y Z Y O M Z P O F E S D X S A M X
J E L L U V O C F W Y Y A U B R O X
D A L I H P E N Q F Q V T Z X E T Q
R T Q O L C O E S B P C Z A S V H R
F Y T T I E T T Q T A W E I A E O U
A Q O K L V C E H C E G F M J O R B
V S D P Y H N A S O Q R W O V L C B
T Q Q O C M E A E T S C A R A A H E
B N B W S U M V C P N Q S E I S I R
M O N E Y T R E E I V A W P Q A D T
B O Q F S A U D D S R T L E C Y L R
Y R H I O Z D O E P D F D P K Q W E
Q O R R T V C N C P T Q A Q Z K U E
P H I L O D E N D R O N P Z V Z N D
C Y I X Y C Z P T N A L P E K A N S
B H Z L I S C T U O Y O F E Y K N M
L H M O T K C F W G C O H S Z Y R E
E N I P D N A L S I K L O F R O N Y
```

AFRICAN VIOLET

MOTH ORCHID

POTHOS

ALOE VERA

NORFOLK ISLAND PINE

RUBBER TREE

CHRISTMAS CACTUS

PEACE LILY

SENECIO

MONEY TREE

PEPEROMIA

SNAKE PLANT

MONSTERA

PHILODENDRON

ZZ PLANT

The moth orchid has outpaced sales of the poinsettia, with the orchids bred to reflect nearly every color and pattern. Orchids have also evolved in their appearance to have patterns and designs that mimic other organisms, including flowers and insects, as a way to deceive their predators.

```
M E R Q A M X C H T E Y W W J I O Z
Y V L I W I Z H P E G U A I W L G R
V O K P G H R K Y Y N M X N A B N U
L U R U P R Q R L Y A B G T T P A Q
D R A K Y A R L R B R E O E E K M Z
D W G Y I E X R S K O R U R R R G K
H D G J B M E A H G D R R M M X N H
I O B E U B P U W Q L Y D E E U U M
Z W N M F O V E T K I B E L L Z O B
Z I A L V S B J R B W L E O O U Y Z
W B O X F D O K D I P N F N N Y Y O
J W D I J H E J A P A H O O I C X E
J K V F K A E H A W V L Y X A M F Y
O N W N K L M D H F I E A J O Z S A
Q X D F Y V O B V R Q J I P S Q R P
V Q F F F O P H U A V V C V P K B E
U Z Z H W T U N L A W A X X Z L Y A
E L P P A R E T A W A C C U Y J E R
```

WALNUT	WILD ORANGE	YORK IMPERIAL APPLE
WATER APPLE	WINEBERRY	
WATERMELON	WINTER MELON	YOUNG MANGO
WAX APPLE	WOLFBERRY	YUCCA
WAX GOURD	WOOD APPLE	YUMBERRY
WAX JAMBU	XIGUA	YUZU
	YA PEAR	

California's walnuts are in danger, and it's not just from the ongoing drought. A moth larvae that burrows into the trees' fruit and eats developing nuts threatens up to 10 percent of walnut farmers' crop every year. Some experts believe the best way to control them may be with insectivorous bats.

Orchids Resembling Animals and People

```
L Z O T H F A M H K W V H M T C R D
Y I P T V D F T F H N E S Y I L P B
B Y O X C F E Y I Q X U V K G A X H
T M A N B E D T W Q S I K C E M O V
S T V D U W E U X B E H X U R S B L
E C A F Y E K N O M J E R D F H T P
G D F E G I F L A P H C B G A E U A
A H G R E E N S Q U I D G N C L B B
B N E P V D Q B K R K O Q I E L B W
F T A Z D J A X U Z A V A Y I U K W
J H X M U Z F E X T Y V C L N Z B B
N A K E D M A N H E L H S F M J L T
E U A U F E A G K D H V Y Q O Q S B
V P B N M Q K N F P R X F E O Q K I
O Z L M F E O A C P M I R A N Q U O
D O U V N D Z G N H S H B V K Y L F
A L A N I R E L L A B B C M W G X L
C Z M B B L E I W E K C K H U Z G C
```

BALLERINA

BEE

BIRD HEAD

CLAMSHELL

DONKEY

DOVE

FLY

FLYING DUCK

GOAT

GREEN SQUID

LION

MONKEY FACE

MOTH

NAKED MAN

TIGER FACE IN MOON

WHITE EGRET

Bee orchids (*Orphrys apifera*) are pollinated by insects, like many other species of plants. To attract these insects, they grow flowers that look and smell like their pollinator's partner, a practice called sexual deception. Attracted pollinators will then "mate" with the flower and transfer the pollen it is carrying to the orchid.

```
H V T O D P V B N A D N A T U L G P
L F U A P Y A X V L C K I A X N R R
B G L B F R A V A J E U L B A L O A
Q G M U A W G D A O I R A C N E S Y
J D Q N X H Y O C H H S I P S R M I
H D G V I F S O L I E A R J Q O I N
J A D W I A N I N D M M K X T S C G
N P P N K I T O D A F H J X R Y H H
P G G O R R H N J N N I A P E M E A
R E R O P O Q F A C E V N R S Q L N
R N O S R O R W C L I V T G S T X D
N U C N W A U B I H P V A N E Z V S
B B X O W N E L E E V O L C D R N D
J M U D T S N G U Y H M H R E G I T
F E B E I E L F E H I N G C S P P K
B V L P I S A N G R A J A Y A T J D
K T W W P J D H M C Y E S M F M B C
M T P U L O A P X F M I J I B F F J
```

BARANGAN

BLUE JAVA

CAVENDISH

DESSERT

DWARF JAMAICAN

FEHI

GOLDFINGER

GROS MICHEL

LADY FINGER

LUTANDAN

MACHO PLANTAIN

MYSORE

ORINOCO

PISANG RAJA

POPOULU

PRAYING HANDS

RHINO HORN

TIGER

Cavendish bananas were largely immune to an earlier form of Panama disease, which stops the plants from bearing fruit. But the TR4 strain (as it is known) was discovered in 2019 in South America and impacts not only Gros Michel bananas, but also the Cavendish and up to 80 percent of other cultivated varieties.

Unusual-Looking Flowers #2

```
C C V Y S I L V E R V A S E W Z Z S
D O R T L A Y P J J F I B H A T X E
U N R E P I Y I N F J U L S L B E I
G I A P P J L U C H P L V B C B G B
I C R H S E D O P F G D Z A R D T A
G R W C S E G A O E H V I T E H J B
K M V T F L L I W D X Q C P T L A D
V Q M A R V I I N A O M P L S B W E
W Y B C M I Y V L G D O O A B R G L
P Z J K C J K U E Y E A V N O Z A D
B U S R Q E Q F I D O R W T L A R D
R E W O L F N O I S S A P A C S A A
T N A L P N A E N A R R E T B U S W
B D U T C H M A N S P I P E B R Q S
M F S R E G N I G E V I H E E B Z G
S N A P D R A G O N S E E D P O D V
E E R T L L A B N O N N A C Z D C H
W W Z U N I J J Q Z J A H L D N G D
```

BAT PLANT	DEVIL'S HAND	SNAPDRAGON SEED POD
BEEHIVE GINGER	DUTCHMAN'S PIPE	SUBTERRANEAN PLANT
CANNONBALL TREE	LOBSTER CLAW	SWADDLED BABIES
CORPSE LILY	PASSION FLOWER	VOODOO LILY
CREPE GINGER	PUYA	
DAWADAWA	SILVER VASE	

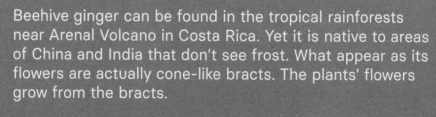

Beehive ginger can be found in the tropical rainforests near Arenal Volcano in Costa Rica. Yet it is native to areas of China and India that don't see frost. What appear as its flowers are actually cone-like bracts. The plants' flowers grow from the bracts.

No. 1

No. 2

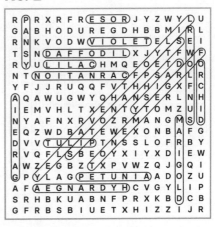

No. 3

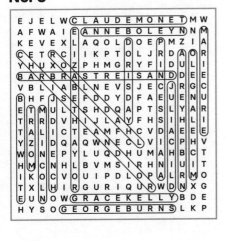

No. 4

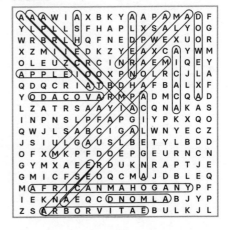

No. 5

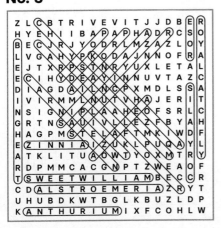

No. 6

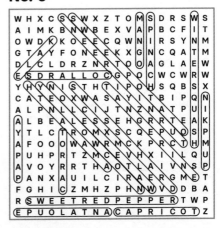

No. 7

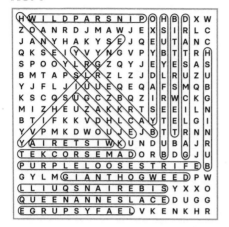

No. 8

No. 9

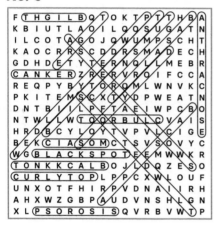

No. 10

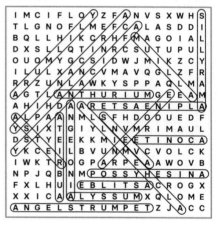

No. 11

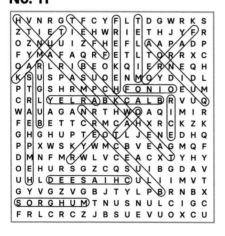

No. 12

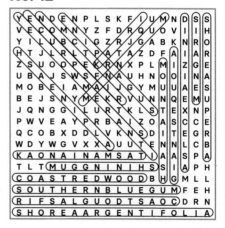

No. 13

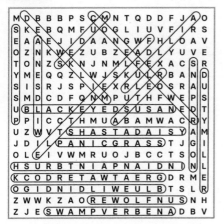

No. 14

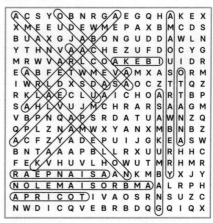

No. 15

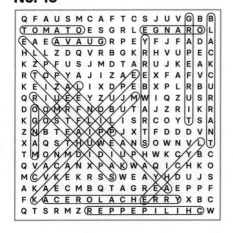

No. 16

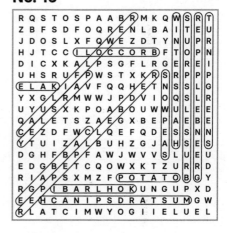

No. 17

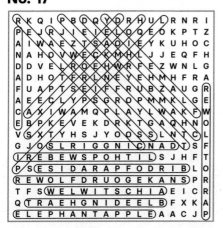

No. 18

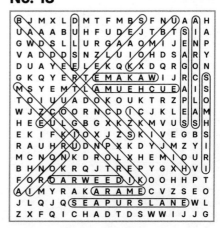

No. 19

No. 20

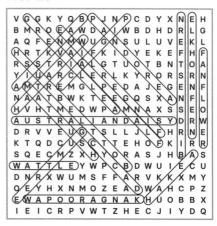

No. 21

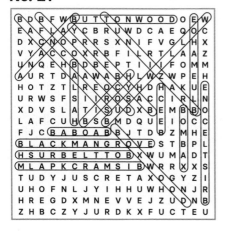

No. 22

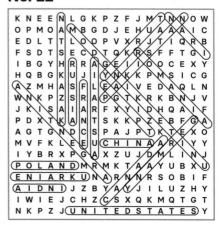

No. 23

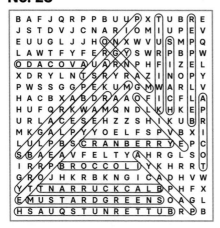

No. 24

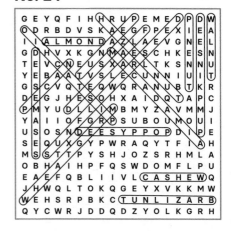

No. 25

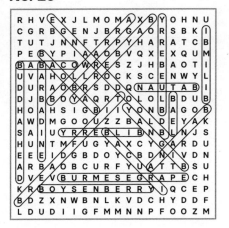

No. 26

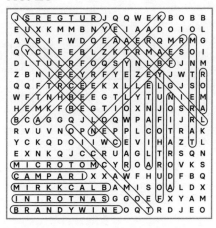

No. 27

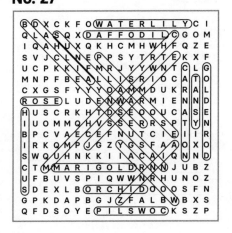

No. 28

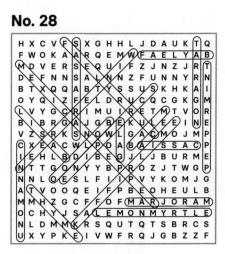

No. 29

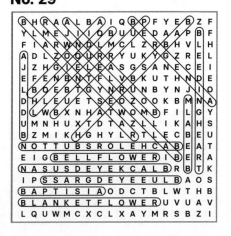

No. 30

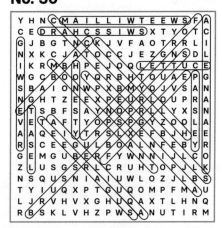

No. 31

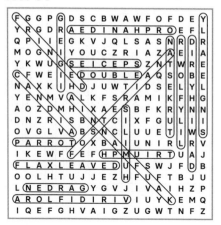

No. 32

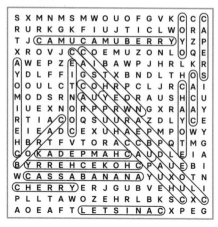

No. 33

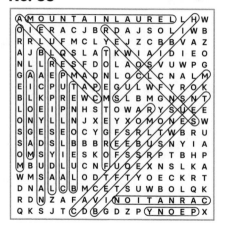

No. 34

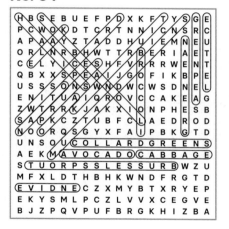

No. 35

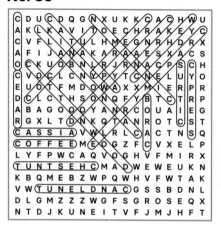

No. 36

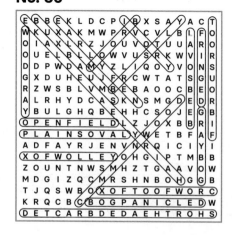

No. 37

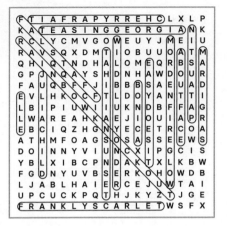

No. 38

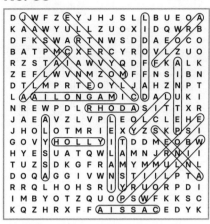

No. 39

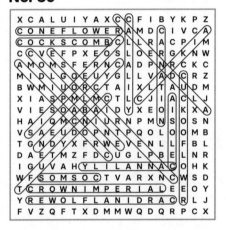

No. 40

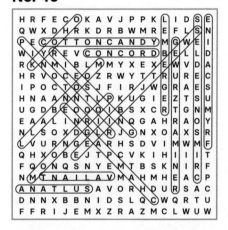

No. 41

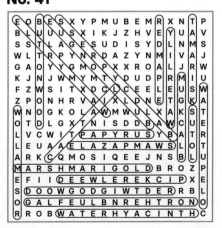

No. 42

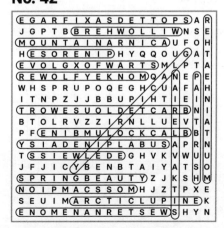

No. 43

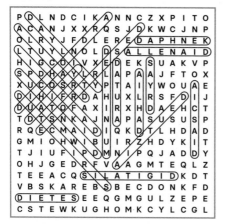

No. 44

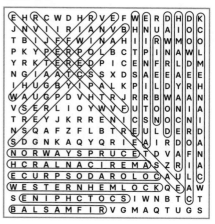

No. 45

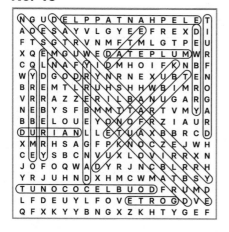

No. 46

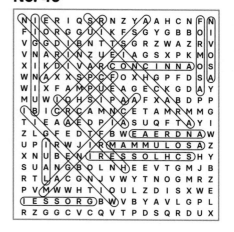

No. 47

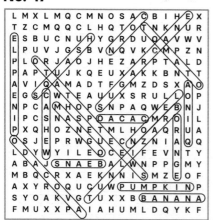

No. 48

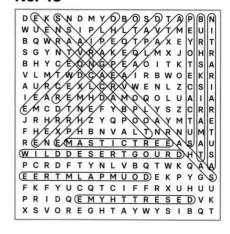

No. 49

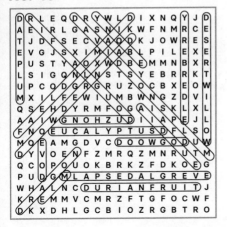

No. 50

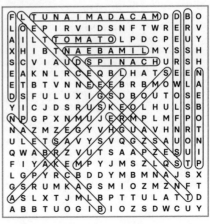

No. 51

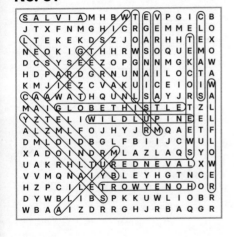

No. 52

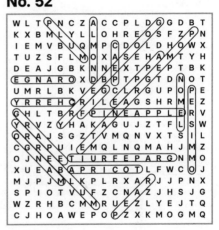

No. 53

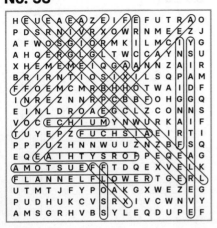

No. 54

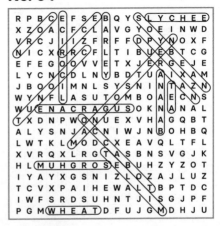

No. 55

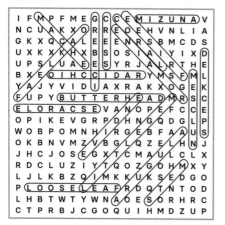

No. 56

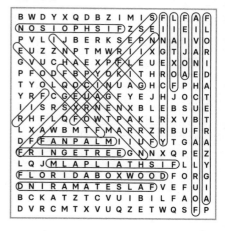

No. 57

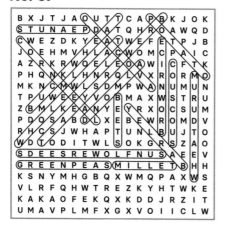

No. 58

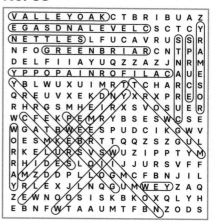

No. 59

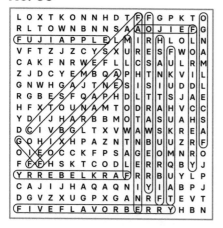

No. 60

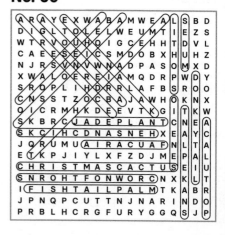

No. 61

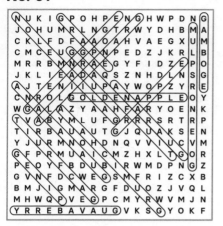

No. 62

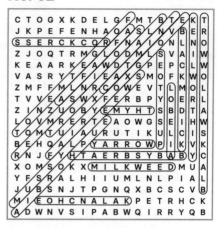

No. 63

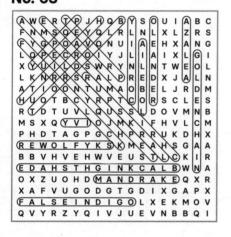

No. 64

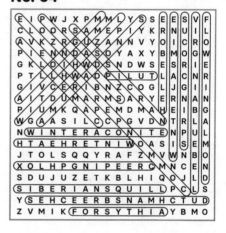

No. 65

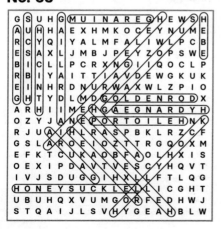

No. 66

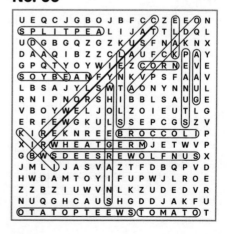

No. 67

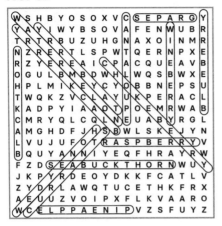

No. 68

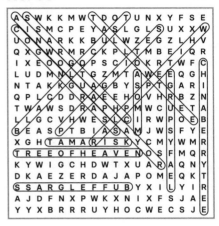

No. 69

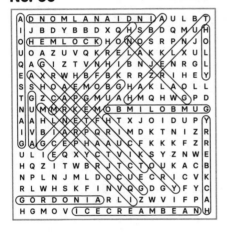

No. 70

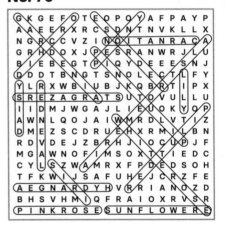

No. 71

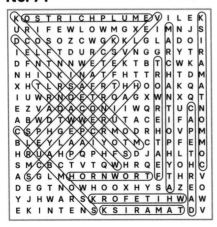

No. 72

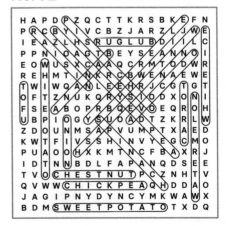

No. 73

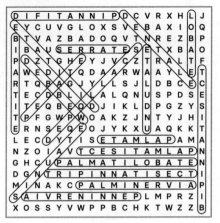

No. 74

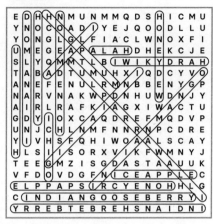

No. 75

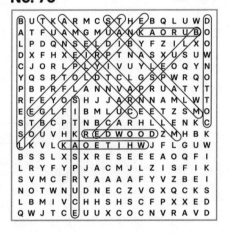

No. 76

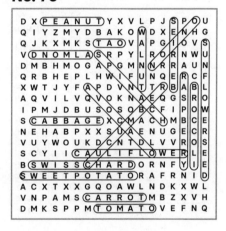

No. 77

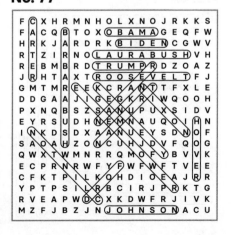

No. 78

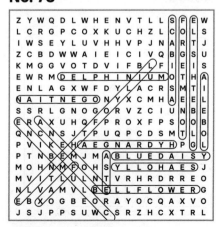

No. 79

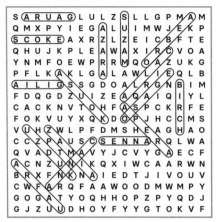

No. 80

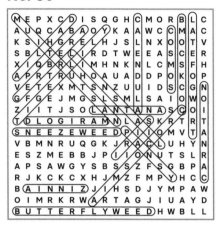

No. 81

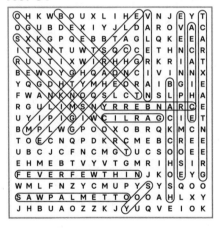

No. 82

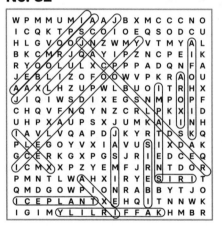

No. 83

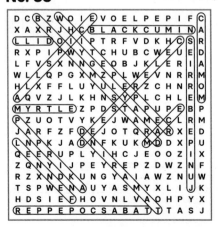

No. 84

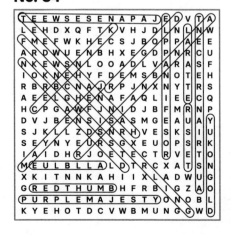

No. 85

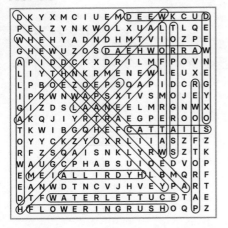

No. 86

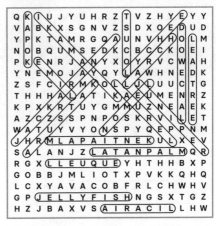

No. 87

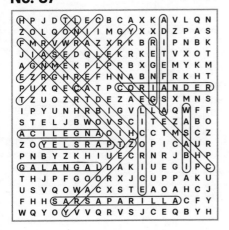

No. 88

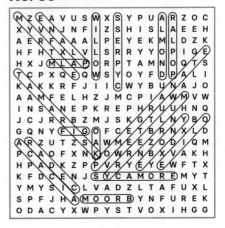

No. 89

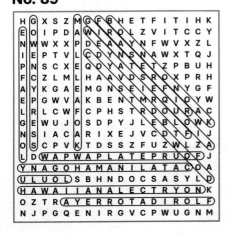

No. 90

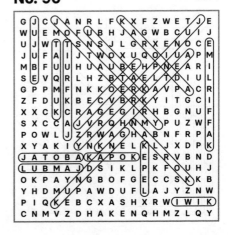

No. 91

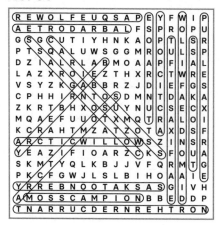

No. 92

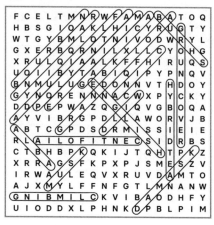

No. 93

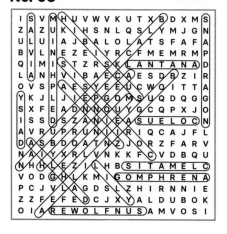

No. 94

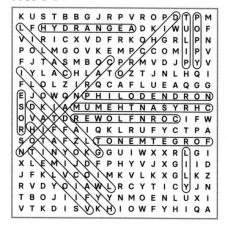

No. 95

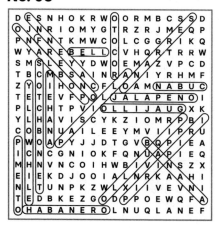

No. 96

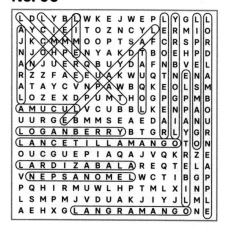

No. 97

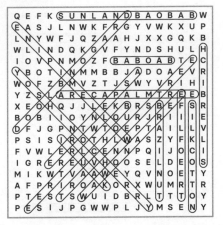

No. 98

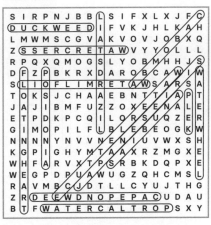

No. 99

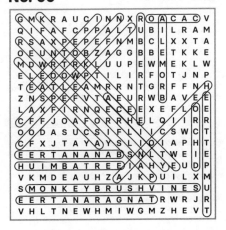

No. 100

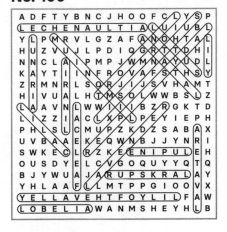

No. 101

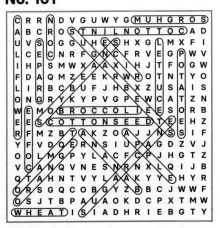

No. 102

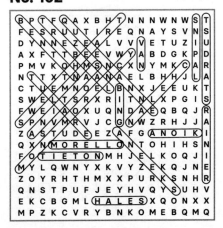

No. 103

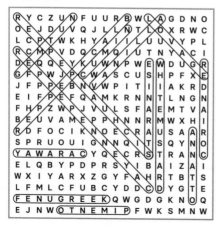

No. 104

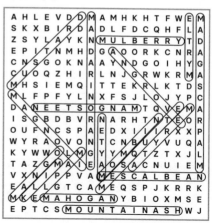

No. 105

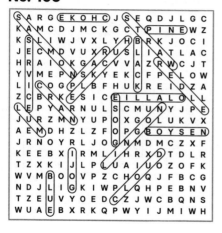

No. 106

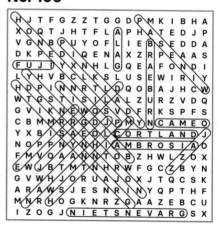

No. 107

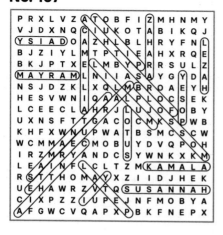

No. 108

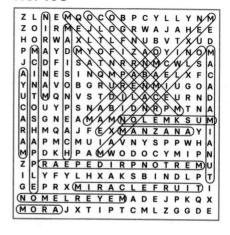

No. 109

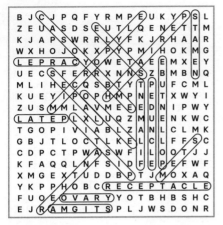

No. 110

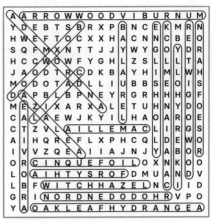

No. 111

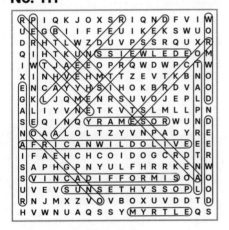

No. 112

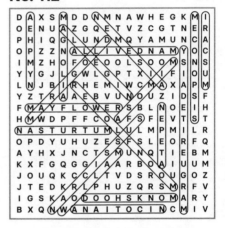

No. 113

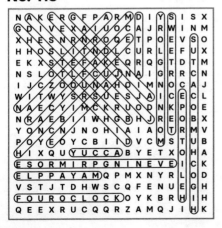

No. 114

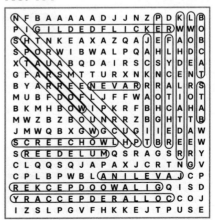

No. 115

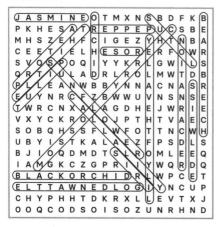

No. 116

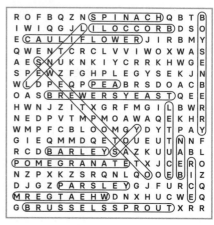

No. 117

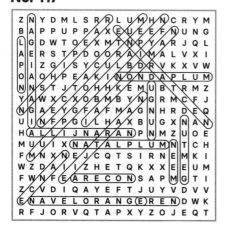

No. 118

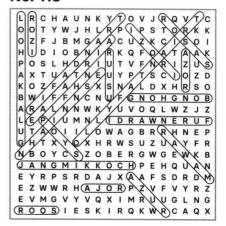

No. 119

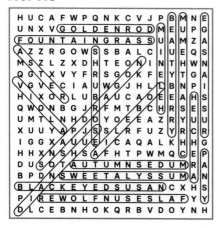

No. 120

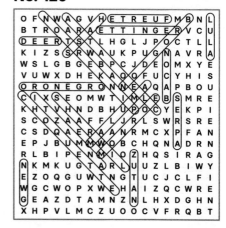

No. 121

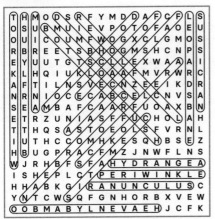

No. 122

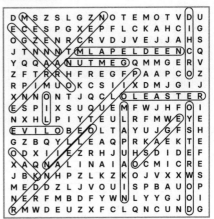

No. 123

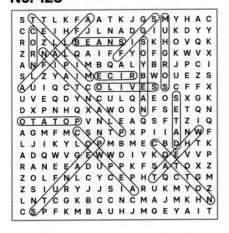

No. 124

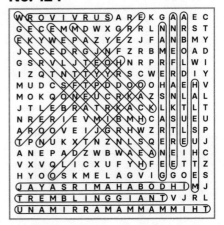

No. 125

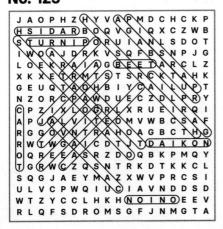

No. 126

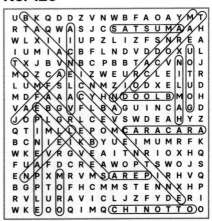

No. 127

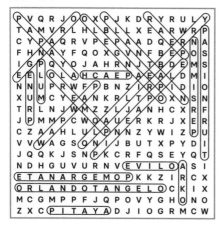

No. 128

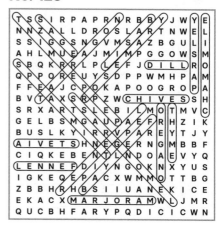

No. 129

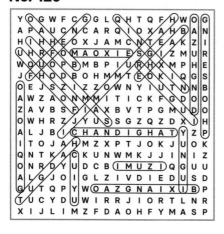

No. 130

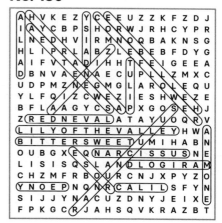

No. 131

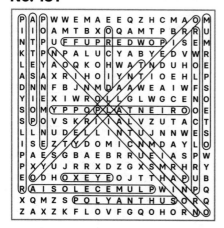

No. 132

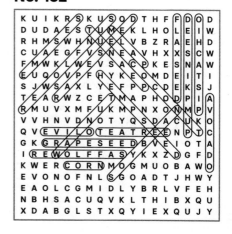

No. 133

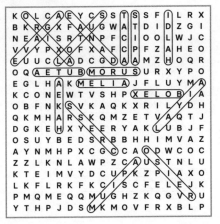

No. 134

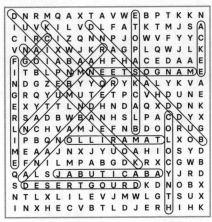

No. 135

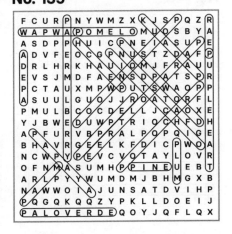

No. 136

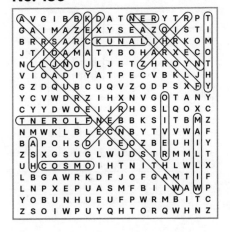

No. 137

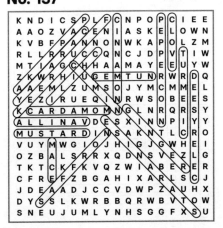

No. 138

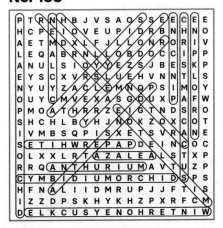

No. 139

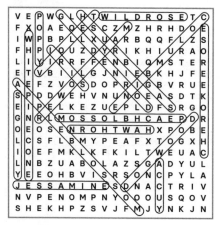

No. 140

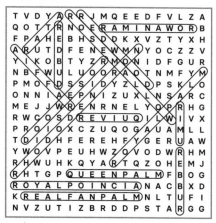

No. 141

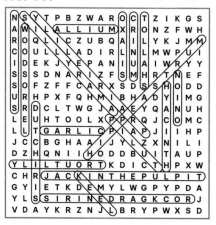

No. 142

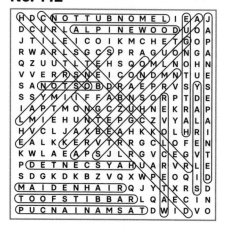

No. 143

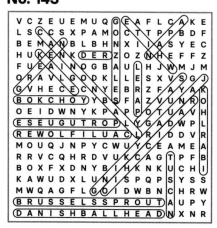

No. 144

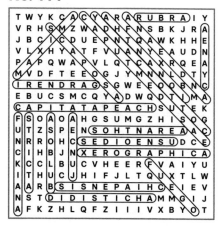

No. 145

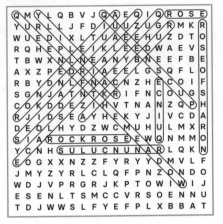

No. 146

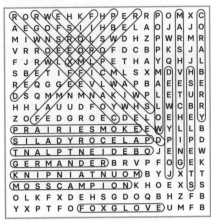

No. 147

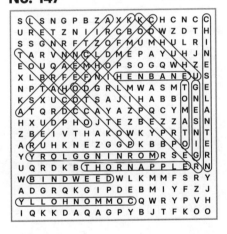

No. 148

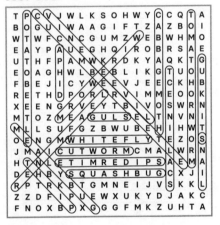

No. 149

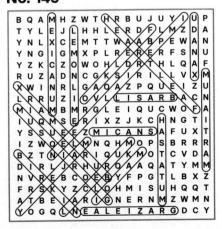

No. 150

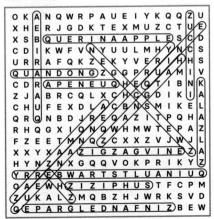

No. 151

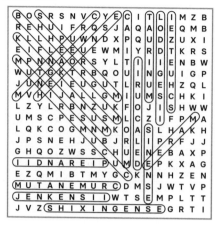

No. 152

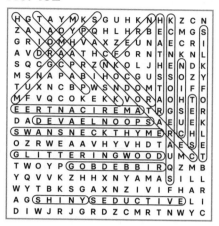

No. 153

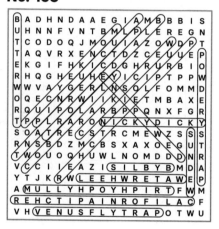

No. 154

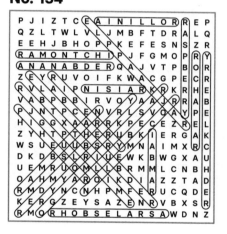

No. 155

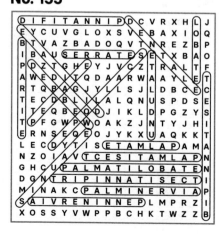

No. 156

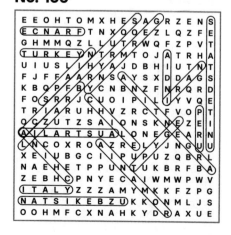

No. 157

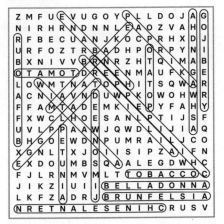

No. 158

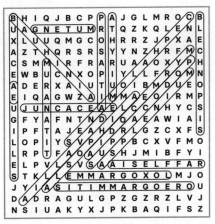

No. 159

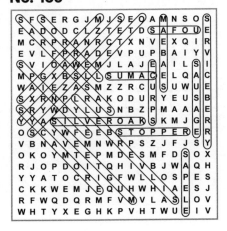

No. 160

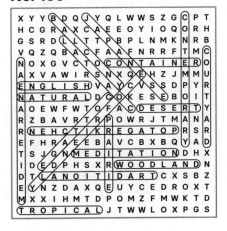

No. 161

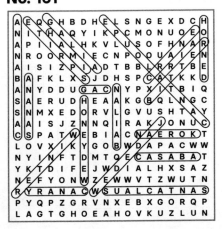

No. 162

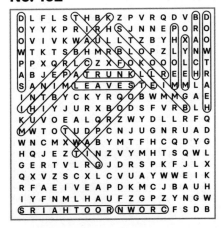

No. 163

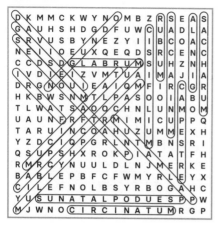

No. 164

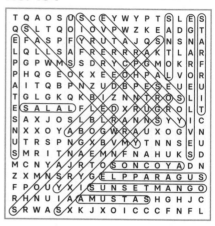

No. 165

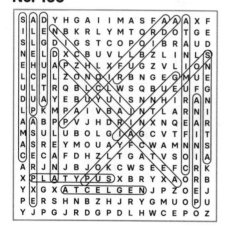

No. 166

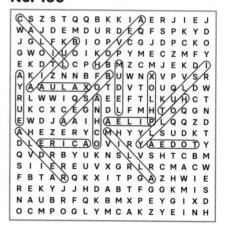

No. 167

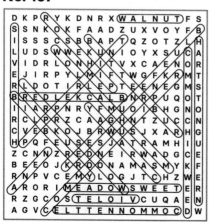

No. 168

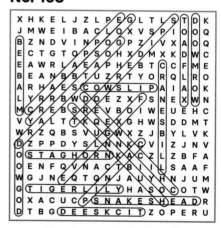

No. 169

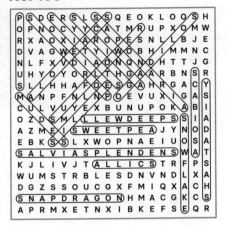

No. 170

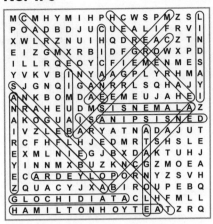

No. 171

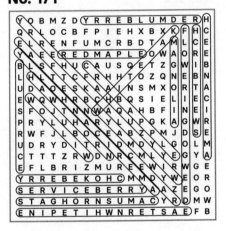

No. 172

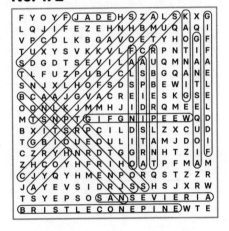

No. 173

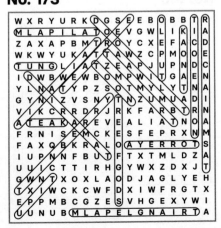

No. 174

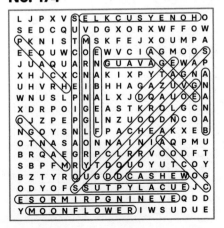

No. 175

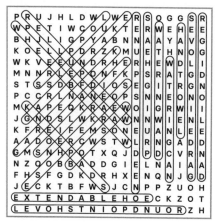

No. 176

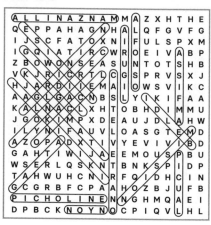

No. 177

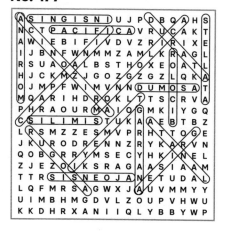

No. 178

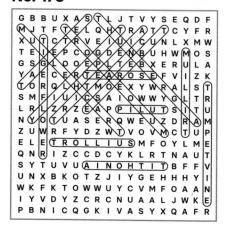

No. 179

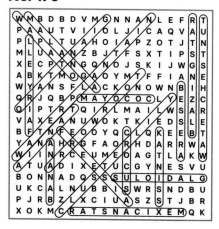

No. 180

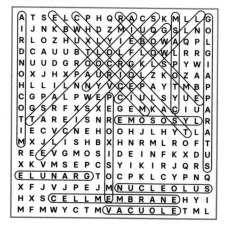

No. 181

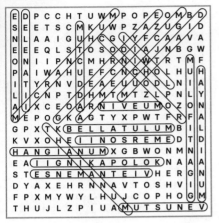

No. 182

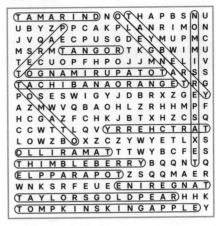

No. 183

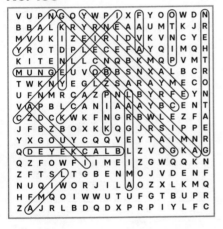

No. 184

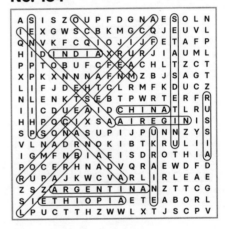

No. 185

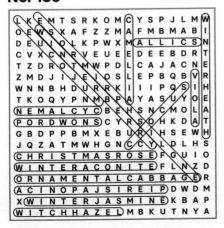

No. 186

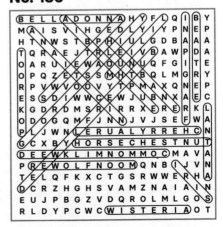

No. 187

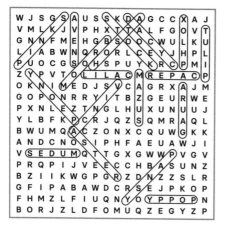

No. 188

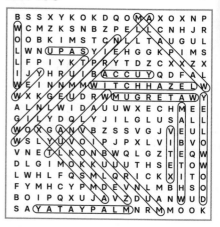

No. 189

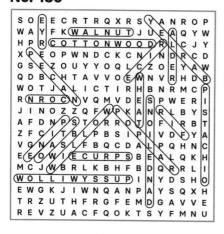

No. 190

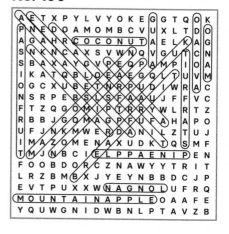

No. 191

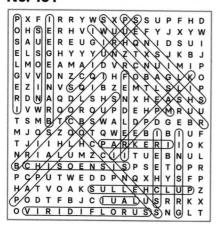

No. 192

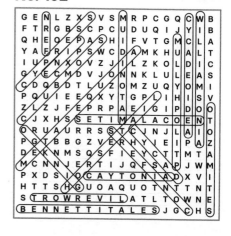

No. 193

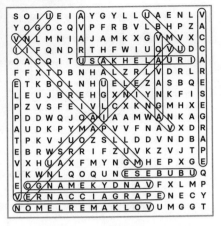

No. 194

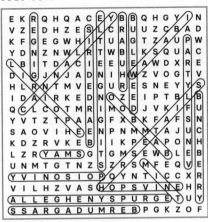

No. 195

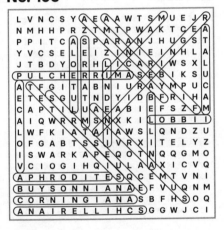

No. 196

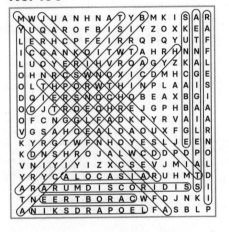

No. 197

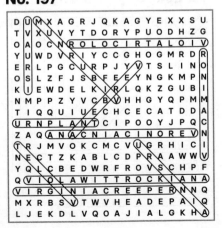

No. 198

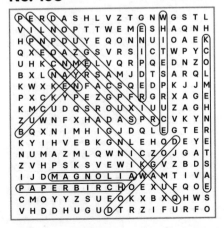

No. 199

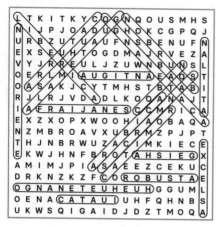

No. 200

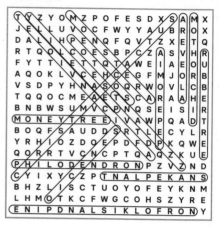

No. 201

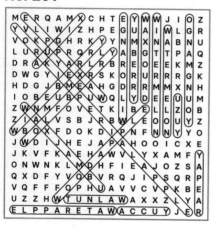

No. 202

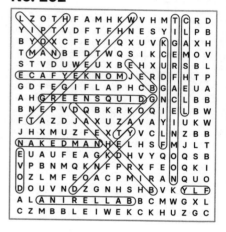

No. 203

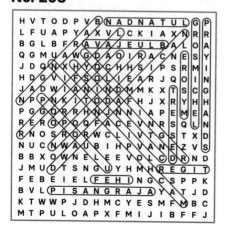

No. 204

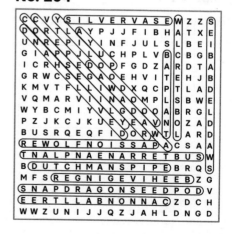